die lawine

Im Gedenken an

Anke Albinger
Christoph Albinger
Frederik Albinger
Patrik Albinger
Waltraud Buchholz
Beate Duttlinger
Hans Jürgen Fischer
Maria Sonja Fischer
Helmut Kapellner
Bernadette Kern
Anna Kern
Theresia Ladner
Hildegard Lorenz
Edith Lorenz
Kurt Messerschmied
Constanze Messerschmied
Antje Randrup-Dhomsen
Eric Randrup-Dhomsen
Carmen Schulz
Isabelle Schulz
Hans Schulz
Renate Schulz
Jesper Te Brake
Marthe Te Brake
Renè Te Brake
Antonius Vaarwerk
Freek Vaarwerk
Job Vaarwerk
Fabian Simon Vogt
Hanna Julia Vogt
Paula Zangerle

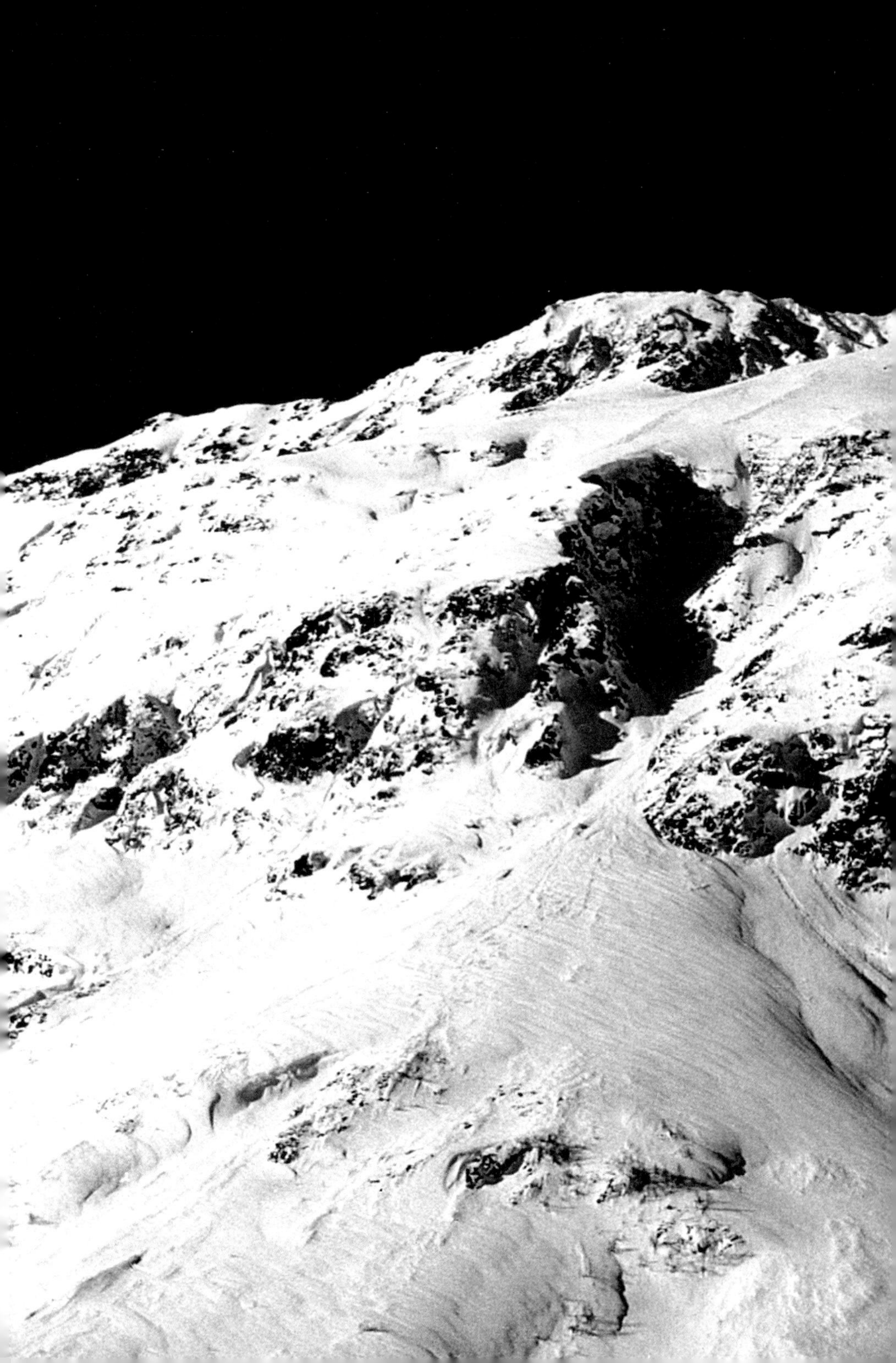

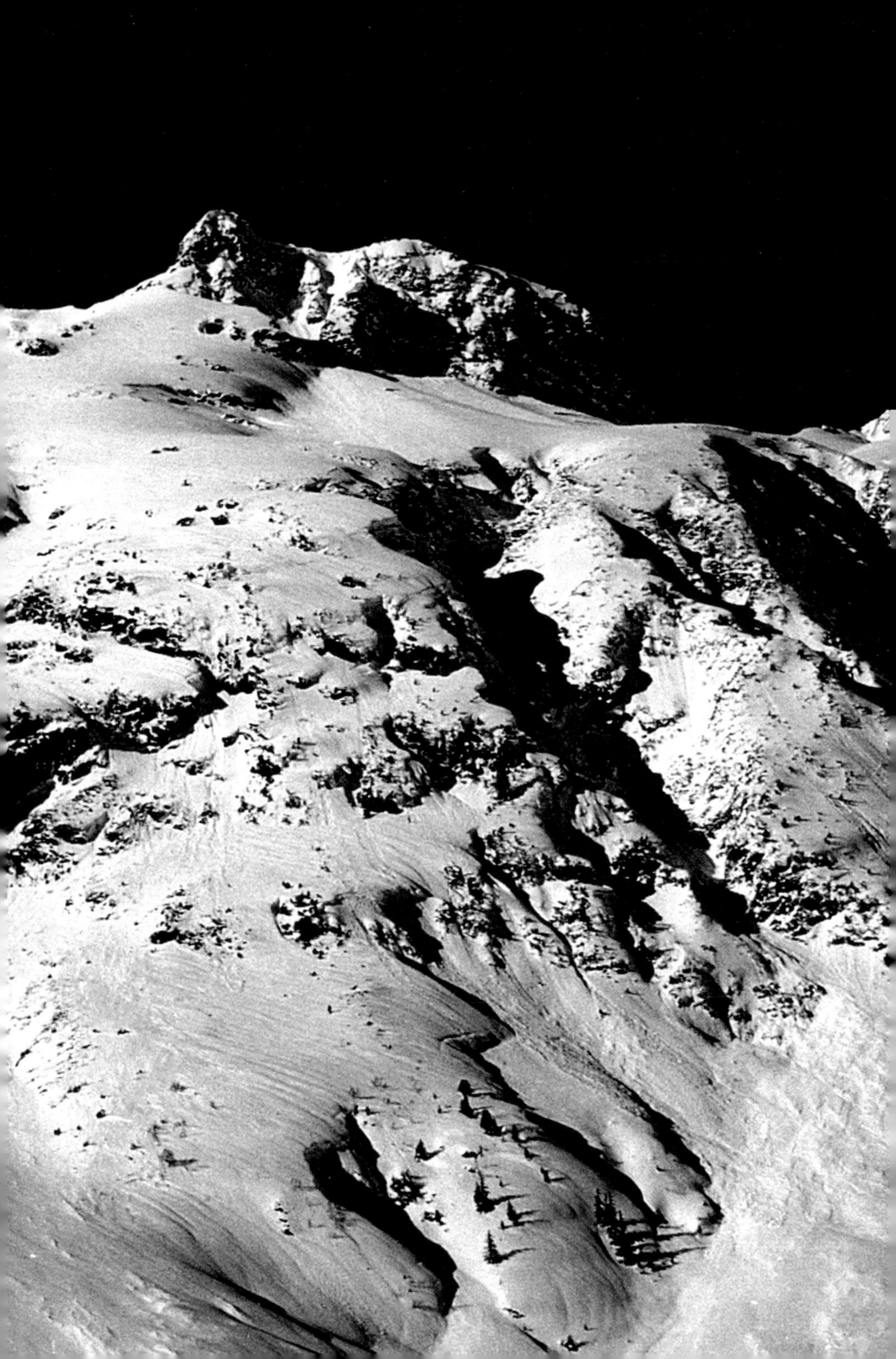

Inhalt

Vorwort

Herzlich willkommen beim Versuch einer Annäherung!

Seit Februar 1999 trägt nicht nur Galtür Trauer. Der Gemeinschaft, die im Antlitz von Naturgefahren lebt, war Undenkbares widerfahren. 31 Menschen starben im Dorf den Lawinentod. 22 wurden aus den Schneemassen gerettet. Heute weiß ich: Vor der bestehenden Naturgefahr waren alle Menschen gleich. Es hätte jeden treffen können.

Wir alle streben nach Glück und Freude. Doch an entscheidenden Punkten im Leben müssen wir erkennen, dass auch Leid dazu gehört. Ich habe erfahren, dass jedes Leid Hoffnung für Neues ist. Das Dorf stand zusammen und wir haben Hilfe von außen bekommen. 350 Meter lang und an die 19 Meter hoch ist das imposante Stück aus Stein, Beton, Stahl und Kultur, das selbstbewusst – wie eine Stadtmauer – der Naturgewalt Lawine eine Grenze setzt.

Es ist an der Zeit, darüber zu sprechen. Dieser Dialog bleibt ein Versuch. Der Versuch einer Annäherung, ohne die Tragweite je ganz zu erfassen.

Manfred Lorenz
Berg- und Schiführer
Geschäftsführer des Alpinarium Galtür

Galtür – Leben mit dem Hochgebirge

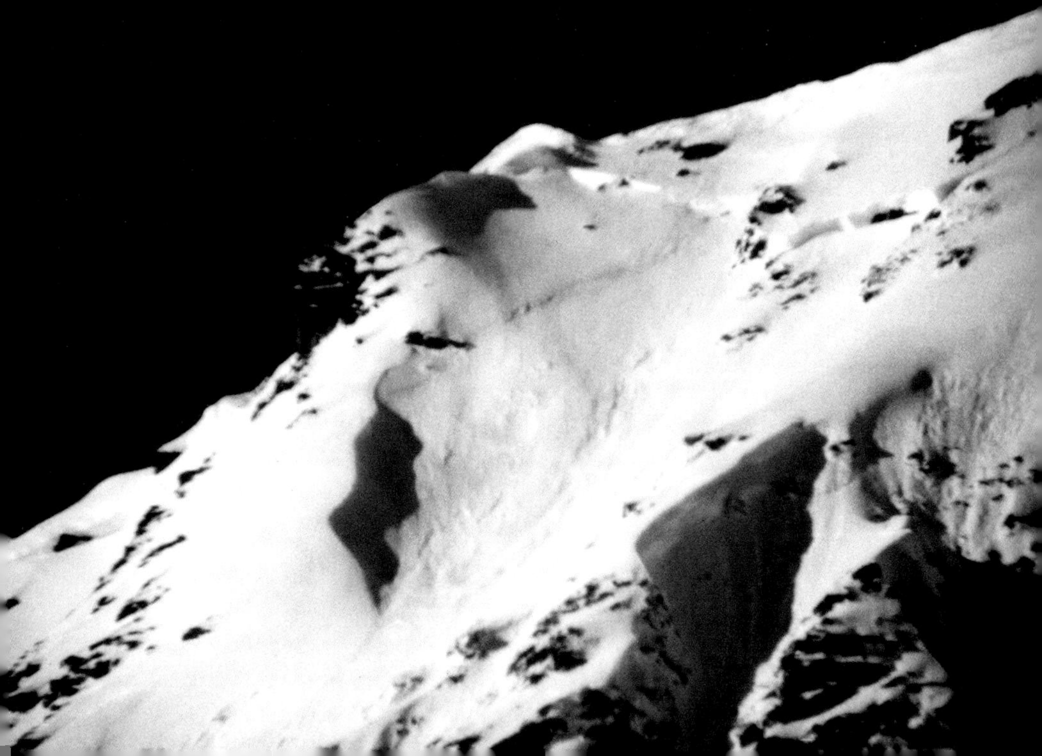

Für die einen eine Erinnerung an tödliche Lawinen, für die anderen liebenswerter Ferienort mit Charme: Je besser man Galtür kennt, desto freundlicher fällt das Urteil aus.

Die Galtürer müssen damit leben – mit dem Ruf, den ihnen das Lawinenunglück vom Februar 1999 eingetragen hat: Wochenlang stand ihr Ort damals im Mittelpunkt des internationalen Medieninteresses. Es hagelte – meistens ungerechte – Vorwürfe und Anklagen. Dabei haben sie selbst schwer unter der Katastrophe gelitten: 31 Menschen starben, darunter sechs Einheimische. Mehrere Häuser wurden ganz oder teilweise zerstört, und die Gäste blieben für den Rest der Saison aus.

Mittlerweile sind mehr als fünf Jahre vergangen, und Galtür hat sich nicht nur vom Schock des Jahres 1999 erholt, sondern konsequent dafür gesorgt, dass der Ort heute Einheimischen und Gästen größtmögliche Sicherheit bietet.

Die Fakten: Konfliktträchtiges Grenzgebiet

Galtür liegt 1580 Meter über dem Meeresspiegel, am Ende des Tiroler Paznaun am Schnittpunkt von Jam- und Kleinvermunttal. Im Süden grenzt das Gemeindegebiet an die Schweiz, im Westen an das Bundesland Vorarlberg. Diese Grenznähe spiegelt sich auch in der Geschichte: Besiedelt wurde die Gegend zunächst von Rätoromanen aus dem Süden, dann von Walsern, die aus dem Rhonetal stammten.

Die Historiker sind sich darüber uneinig, wer das eigentliche Dorf gegründet hat. Fest steht, dass die erste Kirche 1383 vom Bischof von Chur geweiht wurde. Fest steht auch, dass die rätoromanischen Bewohner ihre Käse-Zinse bis ins 18. Jahrhundert an das Kloster Marienberg im Vinschgau ablieferten, dass ihre Kultivierungsarbeit (cultura) den Namen Galtür prägte und dass sich die Grafen von Tirol und die Bündner Grundherren bis ins 16. Jahrhundert darum stritten, zu welchem Herrschaftsgebiet Galtür gehörte. Endgültig entschieden wurde der Streit erst 1854, als die Schweiz die staatsrechtliche Zugehörigkeit des Vermunt-Gebietes zu Österreich anerkannte.

Wirtschaftlich gesehen, war die Gegend bis ins 20. Jahrhundert von Armut geprägt. Die Menschen lebten vor allem von der Viehwirtschaft, im 18. und 19. Jahrhundert zunehmend auch vom Warentransport über die Pässe (als Träger, Säumer oder Schmuggler) und teilweise auch vom Handwerk, das sie allerdings häufig außerhalb des Tales ausübten. Den Wandel brachte der Tourismus: Der Bau der Jamtalhütte (1882) war der Auftakt für die touristische Entwicklung, die Eröffnung der Silvrettahochalpenstraße im Jahr 1954 (gebaut als Erschließungsstraße für die Kraftwerksanlagen der Vorarlberger Illwerke im Silvrettagebiet) der endgültige Durchbruch. Heute hat Galtür 780 Einwohner und knapp 3900 Gästebetten, wobei 70 Prozent der Nächtigungen im Winter und nur 30 Prozent im Sommer verzeichnet werden.

Galtür: 780 Einwohner, 3900 Gästebetten
Haupteinnahmequelle: Tourismus
(70 Prozent Winter, 30 Prozent Sommer)

„Das eigensinnige Dorf“

Den Ruf als „eigensinnigstes Dorf Österreichs“, mit dem Galtür in Tourismusprospekten wirbt, verdankt die Gemeinde einem Beschluss aus dem Jahr 1976: Damals sprachen sich die Galtürer mit überwältigender Mehrheit gegen ein Gletscherskigebiet im Jamtal aus. Man wolle nicht auf grenzenlose Erschließung, sondern auf „ein intaktes Dorf in intakter Natur“ setzen, argumentierten sie. Skifahren kann man in Galtür natürlich trotzdem: Sessellifte erschließen die Hänge des Alpkogels und der Ballunspitze, des markantesten Berges von Galtür. Einmal in der Woche wird zum Nachtskilauf geladen – auf einer der längsten Flutlichtpisten der Alpen. Daneben findet man Langlaufloipen sowie ein Sportzentrum mit Hallenbad, Tennis- und Squashplätzen und einem Veranstaltungssaal.

Das Jamtal jedoch ist ein Gebiet für Skitourengeher und Bergsteiger geblieben, die hier in einer spektakulären Landschaft inmitten der Dreitausender der Silvretta Ruhe und Erholung, aber auch sportliche Herausforderung suchen.

Leben in und mit der Natur

Berge, Gletscher und Flüsse haben das Leben in Galtür seit Jahrhunderten geprägt: Schon die ersten Siedler errichteten ihre Gebäude am Fuß der Berghänge und versuchten mit viel Aufwand, den sumpfigen Talboden nutzbar zu machen. Sie mussten lernen, mit Lawinen und Hochwasser, mit Muren und Steinschlägen zu leben. Die Naturgefahren waren Teil des Lebens im Hochgebirge – und sie sind es bis heute geblieben, auch wenn die in den letzten Jahren und Jahrzehnten ergriffenen Schutzmaßnahmen größtmögliche Sicherheit gewährleisten.

Georg Juen sen.: „Lawinenopfer seit 600 Jahren“

Georg Juen sen. war 33 Jahre lang Direktor der Volksschule in Galtür, ehe er im Jahr 2001 seine Pension antrat. Seine zweite Funktion ist die des Dorfchronisten, der die Veränderungen und Ereignisse in der Gemeinde dokumentiert. Sein persönliches Interesse gilt darüber hinaus der Geschichte des Dorfes.

„Die ersten drei Toten, die auf dem Galtürer Friedhof im 14. Jahrhundert begraben wurden, waren Lawinenopfer!“, sagt Georg Juen sen. und weist darauf hin, dass man hier seit je her mit Naturgefahren leben musste. Die Menschen trugen aber auch dazu bei, dass die Gefahr größer wurde: „Früher war das hier eine waldreiche Gegend, heute sind oft nur noch schmale Waldstreifen übrig. Vor 400 Jahren war einerseits die Waldgrenze noch wesentlich höher, andererseits wurde von unten her abgeholzt, um neue Felder für das Vieh zu gewinnen. Jetzt fehlt der Wald als Schutz vor Lawinen.“ Das Lawinenunglück von 1999 will er damit aber nicht in Zusammenhang bringen, denn die damaligen Bedingungen waren so extrem, dass alle Erfahrungswerte außer Kraft gesetzt wurden: „Da waren ja auch Gebäude betroffen, die seit Jahrhunderten dort standen, die also als völlig sicher galten.“

Grundsätzlich sind die Galtürer darauf eingestellt, mit Naturgefahren zu leben: „Früher war das kein Problem, wenn man einmal eine Woche lang das Haus wegen der Lawinengefahr nicht verlassen durfte. Heute fühlen sich die Gäste gleich eingesperrt – sie wollen sich in ihrer Bewegungsfreiheit nicht einschränken lassen.“

Der Tourismus ist für Georg Juen sen. dennoch unverzichtbar: „Ohne Tourismus könnten wir hier kaum überleben. Immerhin war Galtür Ende des 19. Jahrhunderts einer der führenden Fremdenverkehrsorte in Tirol. Es war der bekannteste Ort im Paznaun, weil es der Ausgangspunkt zu den Hütten im Silvrettagebiet war. Und seit fast 60 Jahren ist der Tourismus die wichtigste Einnahmequelle im Dorf.“

Der Katastrophenwinter 1998/99

Mehr als tausend Lawinen, die Schaden anrichteten oder sogar Menschenleben forderten, wurden im Winter 1998/99 im Alpenraum gezählt. Es war einer der extremsten Winter der letzten Jahrhunderte, und das lag vor allem am Wetter im Januar und Februar 1999.

Einen ganzen Monat lang, von Ende Januar bis Ende Februar, wurden 1999 am Nordrand der Alpen, zwischen Frankreich und Österreich, fast täglich intensive Schneefälle registriert. Verantwortlich dafür war eine von den Meteorologen als „Nordwestwetterlage" bezeichnete Konstellation: ein Tief über Skandinavien, ein Hoch über dem Ostatlantik, und dazwischen eine intensive Strömung mit Warm- und Kaltfronten und großer Feuchtigkeit. Die Folge: Sowohl bei den Gesamtschneehöhen als auch bei der Neuschneemenge wurden vielerorts Extremwerte erreicht.

In Galtür waren es nicht die einzelnen täglichen Schneefälle, die im Februar 1999 zu einer dramatischen Lawinensituation führten, sondern die länger andauernden Schneefallperioden. Untersuchungen von Meteorologen ergaben, dass die Extremsituation im Jahr 1999 umso deutlicher hervortritt, je länger der Untersuchungszeitraum angesetzt wird: Vergleicht man beispielsweise die Neuschneefälle innerhalb von fünf Tagen mit früheren Jahren, reiht sich das Jahr 1999 erst an fünfter Stelle ein. Nimmt man aber zehn Tage als Vergleichsperiode, hält das Jahr 1999 einen deutlichen Rekord.

Und auch die Neuschneemengen, die innerhalb von 15 Tagen fielen, waren in den letzten 100 Jahren nicht so groß wie 1999.

Fachleute haben aus diesen Zahlen eine so genannte „Jährlichkeit" errechnet, also den Zeitraum, innerhalb dessen statistisch mit einer Wiederholung dieser Situation zu rechnen ist. Mit Neuschneemengen, wie sie im Februar 1999 innerhalb von zehn Tagen verzeichnet wurden, muss demzufolge höchstens alle 300 Jahre gerechnet werden.

Eingesperrt

Wegen der wachsenden Lawinengefahr wurden die Verbindungsstraßen im Paznaun und in anderen Regionen Tirols immer wieder gesperrt. So war Galtür während zwei aufeinander folgenden Perioden, vom 6. bis zum 12. Februar und vom 17. Februar bis zum 27. Februar 1999, auf der Straße nicht erreichbar.

Solche Straßensperren wegen akuter Lawinengefahr sind in den Alpen nichts Ungewöhnliches. Auch im Paznaun kommt es fast jeden Winter vor, dass die Zufahrtsstraßen für einen oder mehrere Tage unpassierbar sind. Die Situation im Februar 1999 war allerdings ungewöhnlich: Viele der rund 3900 Gäste mussten unfreiwillig mehrere Tage länger bleiben, als sie eigentlich vorhatten. Zugleich war die Gemeindeverwaltung gezwungen, die Bewegungsfreiheit innerhalb des Ortes immer mehr zu beschränken: Die Skilifte waren tagelang vom Dorfzentrum aus nicht mehr zugänglich, andere Weiler außerhalb des Dorfes waren eingesperrt, und selbst im Dorfzentrum gab es Einschränkungen.

Rekordschneefälle im Februar 1999:
Höchstens alle 300 Jahre fällt in
zehn Tagen so viel Schnee wie 1999.

Versorgungsengpässe bestanden deshalb aber noch nicht: Hubschrauber sorgten für den Nachschub an Nahrungsmitteln und Medikamenten und führten, wenn nötig, auch Krankentransporte durch. Schließlich wurden auch einzelne Menschen aus besonders exponierten Häusern evakuiert.

Nach anfänglichen Problemen mit ungeduldigen Urlaubern wurden in Galtür regelmäßige Informationsveranstaltungen eingeführt, auf denen die Mitglieder der Lawinenkommission über ihre Beschlüsse, die zugrunde liegenden Fakten und die Prognosen berichteten. Zwischen diesen Veranstaltungen wurden schriftliche Mitteilungen am Gemeindeamt ausgehängt sowie die Hotelbetreiber und Zimmervermieter über die Lage informiert. Die Lawinenkommission, zusammengesetzt aus sachkundigen Gemeindebürgern, traf sich jeden Tag zweimal.

Lawinengefahr: Stufe 5

Die Lage spitzte sich täglich zu: Am Samstag, dem 20. Februar 1999, wurde die Lawinengefahr in einigen Teilen Tirols, darunter im Arlberg- und Silvrettagebiet, als „sehr groß" eingestuft – mit Gefahrenstufe 5, dem höchsten Wert.

Man wusste, dass sich unter diesen Bedingungen große Lawinen von selbst lösen konnten, aber niemand wusste, wo es passieren würde. Nach einer Krisensitzung am Freitagnachmittag (19. Februar) hatte der Landeshauptmann von Tirol alle örtlichen Lawinenkommissionen gebeten, die nötigen Vorsichtsmaßnahmen zu ergreifen.

Tatsächlich wurden nicht nur zahlreiche Straßen gesperrt, sondern auch Menschen aus besonders gefährdeten Häusern evakuiert. Die am Wochenende diskutierte Idee, möglichst alle Menschen aus den gefährdeten Gebieten zu evakuieren, erwies sich allerdings als undurchführbar: In den betroffenen Tälern Tirols befanden sich über 100.000 Gäste! Abgesehen davon, dass die vorhandenen Hubschrauber für den Transport niemals ausgereicht hätten, erlaubten auch die ungünstigen Flugbedingungen keine größere Evakuierungsaktion.

---

19. Februar 1999: Höchste Lawinengefahr. Die Behörden ergreifen Maßnahmen. Doch die Evakuierung von über 100.000 Gästen aus den lawinengefährdeten Regionen erweist sich als unmöglich.

Lawinenopfer in den Westalpen

Die Schneefälle hörten nicht auf, eine Wetterbesserung war nicht in Sicht. Am frühen Morgen des 23. Februar 1999, eines Dienstags, verfassten die Verantwortlichen des Tiroler Lawinenwarndienstes ihren Lagebericht. Darin war von „weiteren, zum Teil ergiebigen Schneefällen" und „starkem, oft stürmischem Nordwestwind" die Rede. Und weiter hieß es: „Die Lawinengefahr im Raum Arlberg, Außerfern, Silvretta sowie in den Ötztaler, Stubaier und Zillertaler Alpen bleibt sehr groß. Vor allem aus noch nicht entladenen Lawinenstrichen ist daher mit Selbstauslösungen auch großer Lawinen zu rechnen."

Anderswo war das bereits geschehen: Aus den Fernsehnachrichten erfuhren die Menschen in Galtür von großen Lawinenabgängen in Frankreich (9. Februar) und in der Schweiz (21. Februar), wo jeweils mehrere Menschen in Ferienhäusern ums Leben kamen. Und am Abend des 22. Februar hatte es den ersten Schaden im Gemeindegebiet von Galtür gegeben: Um 21.30 Uhr erreicht eine Lawine die Jamtalhütte, die seit über 120 Jahren auf einem Geländerücken steht und deshalb als ungefährdet galt. Doch die Lawine wählt eine bis dahin unbekannte Bahn und richtet an der Hütte große Zerstörungen an. Der Wirt und drei Mitarbeiter, die sich noch in der Hütte befanden, weil eine Abfahrt ins Tal zu gefährlich war, blieben zum Glück unverletzt.

Franz Lorenz: „Aus Erfahrung lernen“

Der Bergführer, Skilehrer und Hotelier Franz Lorenz war jahrzehntelang Wirt der Jamtalhütte, des wichtigsten Ausgangspunkts für Berg- und Skitouren im Gemeindegebiet von Galtür. Die 1882 erbaute Hütte wird seit vier Generationen von der Familie Lorenz bewirtschaftet. Sie steht auf 2164 Meter Höhe und ist eines der Ausbildungszentren des Deutschen Alpenvereins. Die Familie Lorenz war gleich mehrfach vom Lawinenunglück 1999 betroffen: Zunächst erlitt die von Franz Lorenz' Sohn Gottlieb geführte Jamtalhütte bei einem Lawinenabgang am 22. Februar großen Schaden, dann traf es – am folgenden Tag – Gottliebs Privathaus: Die Lawine begrub dort seine Mutter Hildegard und seine schwangere Frau Edith unter sich. Beide konnten nur noch tot geborgen werden.

„Wir haben die Gefahr nicht erkannt. Vielleicht hätten wir sonst noch rechtzeitig reagieren können“, sagt Franz Lorenz. Er musste 1999 zur Kenntnis nehmen, dass Erfahrung und Vorsicht nicht immer genügen, um der Gefahr zu entkommen. Dabei war seine Familie schon seit Generationen mit der Natur im Hochgebirge konfrontiert, ohne jemals zu Schaden zu kommen. „Mein Großvater war am Bau der Jamtalhütte im 19. Jahrhundert beteiligt. Er hat schon sehr früh auf den Tourismus gesetzt und hat Recht behalten.“ 1882 für sechs Gäste gebaut, wurde die Hütte am Fuß des Jamtalgletschers immer wieder vergrößert. 1930 verfügte sie schon über 70 Schlafstellen, heute sind es 190.

„Ich habe mehr als 50 Jahre auf der Hütte verbracht“, erzählt der 1926 geborene Franz Lorenz, „doch von einer Lawine wurde das Gebäude vor 1999 nie erfasst. Nur einmal, im Jahr 1935, gab es direkt neben der Hütte ein Lawinenopfer: Ein Hausbursch wurde in 20 Meter Entfernung bei einem Nebengebäude von einer Staublawine erfasst. Es kam aber öfters vor, dass wir eingeschlossen waren, weil rundherum Lawinengefahr herrschte. Einmal saßen wir sogar sieben Tage lang mit 150 Gästen auf der Hütte fest.“

Die Lawine vom Februar 1999 hat bei Franz Lorenz neben Schmerz und Trauer über den Verlust seiner Angehörigen auch einigen Ärger ausgelöst – über die Schuldzuweisungen in den Medien: „Wir leben in einem Versicherungszeitalter, da wird immer gleich ein Verursacher für einen Schaden gesucht. In so einem Fall gibt es aber keine Schuldfrage. Wir können uns wirklich nichts vorwerfen. Von wegen ‚Raubbau an der Natur!‘ In dem Gebiet, aus dem die Lawine kam, wurde nie etwas verändert. Und wir selbst waren es, die eine Erschließung der Gletscherregion abgelehnt haben.“

Bei aller persönlichen Tragik kann Lorenz der Katastrophe aber auch positive Seiten abgewinnen: „Sie hat das Bewusstsein für die Gefahren geschärft – auch bei den Jungen. Wir lernen aus der Erfahrung.“

Dass er selbst trotz des Verlusts seiner Frau und seiner Schwiegertochter in Galtür bleiben würde, stand nie in Frage: „Ich bin hier geboren und ich bleibe hier. Ich kenne keinen anderen Ort mit solchen Qualitäten!“

23. Februar 1999: Die Lawine

Die Straßen waren gesperrt, die Lifte nicht erreichbar, die Bewegungsfreiheit zusätzlich durch tief verschneite Wege eingeschränkt. In dieser Situation bemühte sich der Tourismusverband um ein wenig Abwechslung.

Am Nachmittag des 23. Februar 1999 lud er zum Fassdaubenrennen ins Ortszentrum von Galtür. Die Teilnehmer schnallen sich dabei zwei gebogene Bretter unter die Füße und fuhren durch einen kleinen Slalom.

Mehrere hundert Zuschauer beobachteten das Spektakel auf der Straße zwischen Kirche und Gemeindeamt. Gegen 16.00 Uhr war das Rennen zu Ende. Viele blieben noch und genehmigten sich an den improvisierten Verkaufsständen einen Glühwein.

16.03 Uhr: Sturm über Galtür

Es war genau 16.03 Uhr, als das Dorfzentrum von Galtür in einer weißen Wolke verschwand. Je nach Standort berichteten Augenzeugen von einer Art Schneesturm oder von einer rasend schnellen Welle aus Schnee und Staub. Die automatische Wetterstation im Dorf registrierte eine Zunahme der Windgeschwindigkeit auf 110 km/h – und fiel dann aus.

Die Einheimischen und bergerfahrenen Gäste vermuteten sofort, dass es sich um eine Lawine handelte. Noch wusste aber fast niemand, wo sie niedergegangen war. Denn die Sicht war durch dichtes Schneetreiben und die hereinbrechende Dämmerung sehr schlecht. Selbst Augenzeugen, die sich in unmittelbarer Nähe des Lawinenkegels befanden, brauchten Minuten, bis sie verstanden, was geschehen war.

Augenzeugen berichten

Einige haben einen Knall gehört. Wenige Sekunden danach war die Lawine im Ortsgebiet. Gesehen, wie die Lawine vom Berg herabstürzte, hat niemand. Dazu waren Wetter und Sicht viel zu schlecht.

Bei dem beschriebenen Knall handelte es sich wahrscheinlich um das Zusammentreffen der Lawine mit dem ersten Gebäude, das zerstört wurde. Dann folgte ein Rauschen – „wie von einem Wildbach“, beschreibt es ein Augenzeuge, „wie ein Schneesturm“ ein anderer.

23. Februar 1999, 16.03 Uhr: Ein Schneesturm fegt über Galtür hinweg. Viele wissen sofort: Es muss eine Lawine sein. Doch niemand ahnt, dass sie bis ins Dorf vordringt.

„Es war plötzlich stockfinster"

Der Koch Benedikt Zangerle befand sich zum Zeitpunkt des Lawinenabgangs an seinem Arbeitsplatz in einer Hotelküche im Ortsteil Winkl. Wenige Minuten zuvor war er zur Arbeit durch die Gasse gegangen, in der mehrere Menschen von der Lawine begraben wurden.

„Auf einmal hat es einen dumpfen Schlag gegeben, und im nächsten Moment war es stockfinster. Das Licht ist ausgegangen, und dann hat es im ganzen Haus einen Durchzug gegeben, als ob bei Sturm vorne und hinten die Türe offen wäre. Es hat richtig gepfiffen. Dann ist die Haustüre aufgeflogen, und die Küchentüre ist nach innen aufgedrückt worden. Der Schnee ist bis in die Hotelhalle gekommen. Neben dem Haus ist der Schneestaub wie in Wellen vorbeigeschossen, wie wenn mehrere große Schneewalzen hintereinander vorbeirollen würden. Dann war es auf einmal ganz still.

Als wir vor die Haustür getreten sind, sind dort Dachziegel, Dämmplatten und Aluminiumrohre gelegen. Woher die gekommen sind, haben wir nicht gewusst."

„Ein Rauschen wie von einem Wildbach“

Der Dorfchronist Georg Juen sen. wohnt am Rande des Frühmessgutes, das von der Lawine am schwersten betroffen war. In seiner Nachbarschaft wurden Häuser zerstört und Menschen begraben. Zum Zeitpunkt des Lawinenabgangs kam er vom Dorfplatz zurück, wo er das Fassdaubenrennen fotografiert hatte.

„Ich habe zuerst einen Knall gehört und gleich darauf ein Rauschen wie von einem Wildbach. Im nächsten Moment war es rundherum dunkel, es war wie mitten in einem Schneesturm. Ich habe gedacht, dass es sich um eine Lawine auf der anderen Talseite handelte, deren Druckwelle bis zu uns kam. Es war aber nicht nur Staub, sondern dazwischen waren auch dunkle Gegenstände erkennbar – vielleicht Äste oder Bäume, vielleicht aber auch schon Teile von Gebäuden. Am Eck unseres Nachbarhauses habe ich dann eine ganze Holzwand gesehen, die gegen das Fenster gedrückt war und damit aber auch den Raum dahinter schützte. Ich habe erst viel später begriffen, dass es sich um die Wand eines Holzstadels handelte, der dutzende Meter entfernt gestanden war.“

„Von Kopf bis Fuß mit Schnee und Eis bedeckt“

Hilary Slater, aus England stammend, war im Februar 1999 in Galtür in Urlaub. Zum Zeitpunkt des Lawinenabgangs befand sie sich mit ihrem Mann Bob auf dem Heimweg vom Dorfzentrum zu ihrem Hotel. Ihre Erlebnisse schilderte sie in einer Art Tagebuch, das sie dem Alpinarium Galtür zukommen ließ.

„Wir gingen gerade am Alpenhotel Tirol auf der oberen Straße vorbei, als wir ein sonderbares Geräusch hörten, welches, so nahmen wir an, vom Dorfplatz kam. Dann folgte eine Wolke, welche sich sehr schnell von links nach rechts bewegte. Ich sagte noch: ‚Schau!‘, aber da war keine Zeit. Alles wurde komplett weiß, wir konnten nichts sehen, wir waren plötzlich umgeben von einem starken Schneesturm, der aus allen Richtungen kam. Wir versuchten uns wegzudrehen, aber es war unmöglich. Der eisige Staub drang unter unsere Schutzbrillen und in jede Ritze unserer Kleidung. Die unbedeckten Teile unseres Gesichts schmerzten von der Kälte, und unsere Atmung ging schwer. Wir hielten einander fest und warteten. Es war irgendwie beängstigend. Bob erinnert sich, gedacht zu haben, dass wir unmöglich unseren Weg nach Hause finden würden. Es dauerte wahrscheinlich ein bis zwei Minuten (obwohl es länger wirkte) und löste sich dann auf. Was in aller Welt war das? Wir waren von Kopf bis Fuß mit Schnee und Eis bedeckt, schauten aus wie abscheuliche Schneemänner, mit Eis auf unseren Augenbrauen, Wimpern und auf Bob’s Bart.“

Übersetzung aus dem Englischen

„Eine riesige Welle schoss auf mich zu"

Luggi Salner ist Hotelier in Galtür. Sein Haus stand wenige Meter neben der Pension, die von der Lawine völlig zerstört wurde. Auch Salners Hotel wurde schwer beschädigt: Ein als Bar benütztes Nebengebäude wurde komplett zerstört. Im Erdgeschoß und im ersten Stock von Salners Haus drang der Schnee in die Räume ein, und der Lawinenkegel reichte bis zum zweiten Stock des Hauses. Salner ist einer der Wenigen, die die Lawine kommen sahen.

„Meine Frau und ich sind im Eingangsbereich unseres Hotels gestanden, als die Lawine kam. Ich habe zur Straße hinaus geschaut und habe dort plötzlich eine riesige Welle auf mich zuschießen gesehen. Das war, wie man es in so Hawaii-Filmen sieht. Diese Welle war 30 bis 40 Meter hoch und dunkel. Ich habe gedacht, das gibt es nicht, ich bin im falschen Film.

So große Augen wie in diesem Moment hab' ich noch nie gehabt, glaube ich. Doch dann habe ich geschrieen: ‚Sie kommt!'

Ich bin mit einem Sprung in Richtung Kellertreppe, und da hat es auch schon gekracht. Im nächsten Moment war alles voll Schnee – auch in der Gaststube, wo noch ein paar Gäste saßen. Aber wir haben sofort begonnen zu graben und konnten alle wieder ausgraben, ohne dass jemand zu Schaden kam."

„In den Wimpern, in den Ohren, überall Schnee."

Die aus München stammende Urlauberin Bettina von Sternegg nahm am 23. Februar 1999 am Fassdaubenrennen im Ortszentrum von Galtür teil. Dort erlebte sie auch den Lawinenabgang beziehungsweise die Ausläufer der Staublawine. Ihre Schilderung erschien am 23. Februar 2000 in der „Frankfurter Allgemeinen Zeitung".

„Die Lawine kommt um 16.23 Uhr.[1] Die Luft ist nicht mehr Luft, sondern Schnee. Man weiß sofort: eine Lawine. In den Wimpern, in den Ohren, überall Schnee. Ich halte die Hände vors Gesicht, um eine kleine Höhle zu schaffen, aber auch dort ist Schnee. Keiner ist mehr da. Die anderen, vielleicht einen halben Meter von mir entfernt, sind weg. Flach atmen. Ich atme flach und atme Schnee. Überall fliegt winzig kleiner Schnee in irrsinniger Geschwindigkeit. Kein anderer Mensch ist mehr da. Ich weiß nur: Hinter mir ist eine Hauswand. Wie war das noch? Wie soll man sich verhalten? Auf den Boden? Stehen bleiben? Dann strecke ich einen Arm aus und suche das Haus, es war doch nur ein paar Schritte entfernt. Da ist es, ich kauere mich hin, die Hände vorm Gesicht. Dann hört es auf. Es ist für den Bruchteil einer Sekunde totenstill, nur ein seltsames, abklingendes Rauschen ist noch in der Luft, ich stehe auf, schaue, wo die anderen sind. Sie sind da. Die Glühweinbecher noch in der Hand, unten voller Glühwein, oben voller Schnee. Überall Schnee. In der Nase, den Ohren."

---

[1] Es gibt unterschiedliche Angaben über den genauen Zeitpunkt des Lawinenabgangs. Die meisten Quellen sprechen von einem Zeitraum zwischen 16.00 Uhr und 16.05 Uhr. Die automatische Wetterstation von Galtür ist um 16.03 Uhr ausgefallen. Die Zeitangabe 16.23 Uhr dürfte daher eine Verwechslung sein.

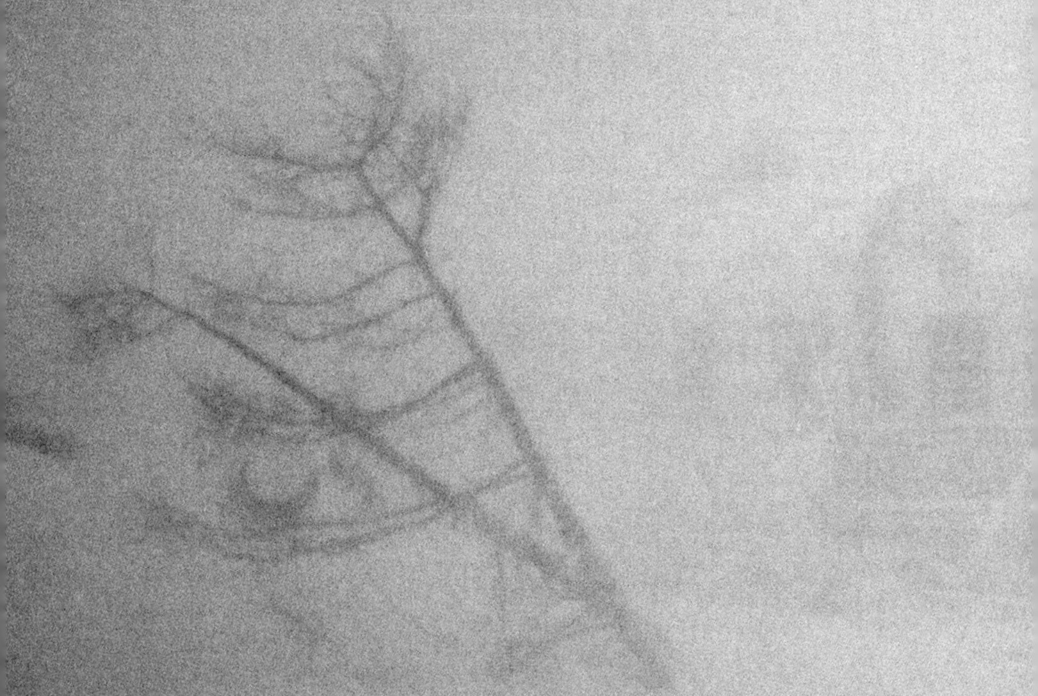

„Unheimliche Kräfte": Analyse der Lawine

Es dauerte einige Zeit, bis sich in Galtür herumgesprochen hatte, dass die Lawine großen Schaden angerichtet hatte. Bald war klar, dass vor allem das so genannte „Frühmessgut", eine von Häusern umgebene Wiese an der Silvretta-Bundesstraße, betroffen war. Auch der Ursprung der Lawine war schnell geortet: der Grieskogel nördlich des Ortes. Dort gibt es mehrere bekannte Lawinenstriche. Weil das Gelände aber extrem steil ist, galt es als weniger gefährlich als andere Hänge in der Umgebung. Denn diese Lawinen lösten sich normalerweise schon bei einer geringen Schneehöhe und blieben deshalb zu klein, um Schaden anzurichten. Doch diesmal hatte sich aufgrund der Wetterentwicklung auf dem Grieskogelmassiv weit mehr Schnee angesammelt als üblich. Die Folge: Als im obersten Teil ein Schneebrett abbrach, wuchs es sofort zu einer riesigen Staublawine an, die über die zwei Lawinenstriche Wasserleiter und Weiße Riefe zugleich ins Tal raste.

Die Katastrophenlawine von Galtür
Anrissbreite: 400 Meter | **Höhendifferenz:** 1150 Meter
Geschwindigkeit: über 300 Stundenkilometer | **Druck:** bis zu 100 Tonnen

---

Schnell wie ein Rennauto

Die Fallhöhe der Lawine betrug 1150 Meter. Auf dieser Strecke entwickelte sich aus dem ursprünglichen Schneebrett eine Mischung aus Staub- und Fließlawine, die mit über 300 km/h zu Tal raste – also mit der Geschwindigkeit eines Rennautos. Pro Sekunde sind das über 80 Meter. Bei der äußerst schlechten Sicht an diesem Nachmittag hatten die meisten Menschen, die die Lawine kommen sahen, keine Chance mehr.

Der Druck, mit dem die Lawine schließlich im Tal ankam, war enorm: Fachleute errechneten im Zentrum der Lawine einen Maximaldruck von über 100 Tonnen pro Quadratmeter! Als die Lawine die ersten Häuser im Ortsgebiet erfasste, betrug der Druck immer noch zwischen sechs und zehn Tonnen pro Quadratmeter – eine Kraft, der gemauerte Hauswände kaum widerstehen können.

Zufallswege

Die Lawine teilte sich am Ende ihrer Sturzbahn in verschiedene Ausläufer, die mit unterschiedlicher Wucht auf bewohntes Gebiet trafen. Ein Lawinenast zweigte am Talboden nach Westen ab und erfasste landwirtschaftliche Anwesen. Die Zerstörung dieser Gebäude dürfte den Knall erzeugt haben, den viele Augenzeugen hörten, bevor sie den Luftdruck der Lawine verspürten.

Ein Teil der tödlichen Lawine wandte sich Richtung Sportplatz, wo die Einrichtungen zerstört und viele Autos auf einem Parkplatz beschädigt wurden. Die Druckwelle dieses Ausläufers war auch für den einzigen Personenschaden östlich der Kirche verantwortlich – im Pfarrhaus, wo die Haushälterin zu Boden geschleudert und verletzt wurde.

Den größten Schaden verursachte aber der Hauptteil der Lawine: Er überquerte die Silvretta-Bundesstraße und hinterließ im Bereich des Frühmessgutes eine Spur der Verwüstung. Dieser Teil der Lawine erreichte auch die neuen Reihenhäuser.

Glück im Unglück

Die spätere Analyse der Sturzbahn zeigte, dass die Lawine noch mehr Schaden verursachen hätte können. Wenn sie mit derselben Wucht, mit der sie das Frühmessgut erreichte, in Richtung Dorfplatz gerast wäre, müssten wohl weit mehr Opfer beklagt werden. Denn dort hatten sich mehrere hundert Menschen beim Fassdaubenrennen versammelt.

Bettina von Sternegg „Wo Häuser waren, ist nur noch Schneewüste“

Die Münchnerin Bettina von Sternegg verbrachte ihren Skiurlaub im Februar 1999 in Galtür. Sie half nach dem Lawinenabgang bei der Suche nach Verschütteten. Ein Auszug aus dem bereits erwähnten Artikel vom 23. Februar 2000 in der „Frankfurter Allgemeinen Zeitung“:

„Als das Schneetreiben für einen Moment lichter wird, sehen wir am Hügel zur Kirche eine Kette aus Bergrettungsmännern und Skilehrern, die den Hang sondieren. Mit langen, dünnen, biegsamen Stäben stochern sie im Schnee. ‚Schritt!‘, ruft einer, und sie stapfen einen Schritt vor und stochern wieder in den Schnee. ‚Schritt!‘, sie stapfen und stochern. Es dauert nicht lange, da sind sie oben am Kirchhügel, und irgendwie entspannt sich die Kette. Sie stehen ein bisschen herum und schauen. Da wissen wir nicht, was wir tun sollen, und denken, besser, wir gehen zurück zum Hotel. Es wird auch schon dunkel – und es schneit.

Dort sind andere Gäste in heller Aufregung: ‚Sind alle da? Wer fehlt? Wer war wo? Vermisst jemand einen Angehörigen?‘ Alles hatte sich schon verändert in dem Schreck. Aber das Entsetzen kommt erst: Der Senior-Hotelchef, Skijacke über dem immer korrekten dunklen Dreiteiler, schneebedeckt, kreidebleich, atemlos, verstört, läuft zur Tür herein: ‚Eine verheerende Lawine oben, eine riesige Lawine über der Kirche!‘ – ‚Können wir helfen?‘, fragt irgendwer. ‚Schaufeln, Männer! Männer mit Schaufeln werden gebraucht!‘ Alle Männer, die können, gehen los, holen Schaufeln aus dem Kofferraum, auch das Hotel hat einige. Sie sammeln sich vor dem Hotel. Dann stapfen sie los in die Dunkelheit, ins dichte Schneetreiben. Die Stühle in der Hotelhalle, vorher um kleine Tischchen gruppiert, stehen plötzlich im großen Kreis. Jemand weint: ‚Mein Mann kann das nicht, das kann er einfach nicht.‘ Wir laufen auf und ab. Irgendwer schleppt einen Fernseher in die Halle. Irgendwann kommt der Hoteldirektor wieder, bleich und zittrig. ‚Sie brauchen Decken, oben in der Garage, wo sie die Erstversorgungsstation eingerichtet haben, brauchen sie Decken, ich hole welche.‘ Er sieht furchtbar klein und schwach und alt aus und kommt mit einem schweren Bündel grauer Decken aus dem Keller wieder.

‚Lassen Sie mich die Decken dahin bringen', sage ich. Mit einem der Jungen gehe ich los ins Schneetreiben. Die kleinen Flocken peitschen ins Gesicht. Man sieht nichts. Wir kämpfen uns durch tiefen Schnee und finden die Garage. Irgendwer nimmt uns die Decken ab. Draußen ist eine Wüste aus Schnee. Ein unendlich großes Schneefeld. Wo Häuser waren, ist nur noch Schneewüste. Es wird sondiert und gegraben. Alle sind konzentriert. In einem Haus bei der Garage graben sie durch ein Fenster, das aussieht wie ein tiefes Kellerloch. Es ist eine Küche. Oder war. Die Möbel bizarr an die Wand gepresst. Tische und Stühle in abartigen Verdrehungen. Die Einheimischen reden immer wieder von Edith. Sie suchen sie. Sie wissen, dass sie hier war. Einige schaufeln innen, von außen schaufeln andere die Haufen von der Fensterschwelle nach draußen. Ich schippe unbeholfen ein bisschen mit, aber es ist klar, dass hier genug Leute sind. Also gehen der Junge und ich den Schneeberg hinauf und sehen nur noch die unendliche Schneewüste vor uns. Reihen von vermummten Leuten, Skilehrer, die Jungs in den Anoraks der Seilbahngesellschaft, Bergrettung, bunte Anoraks von Touristen, alle Farben gemischt, in den Lichtkegeln der Scheinwerfer. Reihen von Männern mit Sonden.

Wieder und wieder das Ritual: ‚Schritt!' Sie stapfen einen Schritt voran und stochern. Manchmal kriegt die Reihe eine Beule, weil einer noch zu stochern hat, sich nicht sicher ist, dass da nur Schnee war. Manchmal spürt einer Weiches und ruft: ‚Halt! Hier! Ich hab was!' Dann stochern andre nach, überprüfen. Und wenn auch dem Zweiten oder Dritten der Verdacht begründet scheint, rufen sie: ‚Schaufler, graben!' Dann sind sofort ein paar mit Schaufeln zur Stelle und graben. Eine Kette, die sich unter der Führung eines älteren Skilehrers gebildet hat, beginnt, das ganze Gebiet abzustechen und umzugraben. Es ist eine lange Reihe. Oben stehen Männer, die den jetzt schon bleischweren Schnee durchstochern und nach unten schippen, an den Rand der Lawine oder dorthin, wo man den Rand der Lawine vermutet. Unten, einen, anderthalb Meter tiefer schippen andere das Durchsuchte hinter sich. Da können sie noch jemanden gebrauchen. Also schippe ich mit. Wir arbeiten uns voran, meterweise auf der hunderte Meter breiten Lawine, im Schneegestöber. Es ist bitterkalt, und wir sind Zwerge. Bei jedem Stich Hoffnung, einen Menschen zu finden, und Angst, den Spaten in einen Menschen zu stechen. Irgendwann wird das Graben zur Quälerei. Man sieht kein Ende. Es gibt überhaupt kein Ende. Später erfahren wir, dass die Lawine fünf, sechs oder noch mehr Meter tief war. Und wir gruben sie halbmeterweise um."

Rettungseinsatz und Krisenmanagement

Der hereinbrechende Abend, ein Schneesturm, die Wege tief verschneit: In Galtür herrschte in den ersten Minuten nach dem Lawinenabgang Verwirrung. Es dauerte deshalb einige Zeit, bis sich herumgesprochen hatte, dass eine Lawine im Bereich des Frühmessgutes großen Schaden angerichtet hatte – und dass Menschen vermisst werden. Die alarmierten Rettungs- und Einsatzkräfte begannen wenige Minuten nach dem Lawinenabgang mit Sondier- und Sucharbeiten am Lawinenkegel und in den betroffenen Häusern. Den Transport der Verletzten übernahmen die Pistenräumgeräte.

22 Menschen gerettet!

Der rasche Hilfseinsatz rettete fast zwei Dutzend Menschen das Leben. Denn von den 53 Verschütteten wurden 22 noch lebend geborgen, und das zum Teil nach mehrstündiger Suche. Zwei der Überlebenden waren schwer, 20 weitere nur leicht verletzt.

Der letzte lebend Ausgegrabene war ein Galtürer Skilehrer, der nach drei Stunden in seiner Wohnung gefunden wurde. Im fest gepressten Schnee hatte er sich ein kleines Atemloch vor dem Gesicht freihalten können.

Überleben, weiterleben

Dass alle 22 Verschütteten, die verletzt aus der Lawine geborgen wurden, überlebten, verdanken sie auch der ärztlichen Versorgung, die trotz fehlender Verbindung zur Außenwelt funktionierte.

Zwar hat Galtür mit Dr. Fritz Treidl nur einen Gemeindearzt, aber er wurde nicht nur von seinem pensionierten Vorgänger, Dr. Walter Köck, sondern auch von etlichen Ärzten, die als Gäste in Galtür weilten, unterstützt. Die Ärzte hatten sich schon an den Tagen vor dem Unglück gemeldet, um in Notfällen während der Straßensperren zur Verfügung zu stehen. Jetzt wurden sie alle gebraucht.

In unmittelbarer Nähe des Lawinenkegels wurden sofort zwei Notfallräume für die Erstversorgung der Patienten eingerichtet. Die Verletzten wurden dann mit Pistenräumgeräten ins Sportzentrum gefahren, wo ein Notlazarett eingerichtet wurde. Ein Abtransport ins Krankenhaus war erst am nächsten Morgen möglich, als die ersten Hubschrauber Galtür erreichten.

Noch in der Nacht des Unglücks betreute der Pfarrer von Galtür, Alois Maria Attems-Heiligenkreuz, sowie sein Diakon, Karl Gatt, die Hinterbliebenen und die Helfer.

Zusätzliche Bergungsgeräte

Die Ablagerungen einer Großlawine bestehen zum Großteil aus Schnee. Doch dieser Schnee wird nach dem Stillstand so hart, dass er zu Recht mit Beton verglichen wird. In Galtür musste man teilweise zu Kettensägen greifen.

Pistenräumgeräte der Skiliftgesellschaft standen als Hilfsmittel zur Verfügung. Die Helfer der ersten Nacht mussten mit Lawinensonden und Schaufeln auskommen. Bei Sturm und Schneefall sondierten und schaufelten viele Helfer – Einheimische und Gäste – bis zur Erschöpfung.

Durch den raschen Hilfseinsatz konnten 22 Verschüttete gerettet werden – unter ihnen zwei Schwerverletzte. Ein Galtürer Skilehrer wurde nach drei Stunden lebend aus den Schneemassen geborgen. Er hatte sich ein kleines Atemloch freihalten können.

Erst am nächsten Morgen konnten die ersten kleinen Bagger eingeflogen werden. Und am gleichen Tag wagten der Chef und ein Mitarbeiter einer Baufirma aus dem benachbarten Ort Ischgl mit ihren großen Baggern die Fahrt über die lawinengefährdete Straße von Valzur nach Galtür, um hier bei den Bergungsarbeiten zu helfen.

Hilfe aus der Luft

Schon wenige Minuten nach den ersten Meldungen über den Lawinenabgang starteten in Landeck Hubschrauber des österreichischen Bundesheeres in Richtung Galtür.

Doch diese Hubschrauber kehrten schon nach kurzer Zeit um. Stürmischer Schneefall und schlechte Sicht machten einen Flug unmöglich. Die bereit stehenden Einsatzkräfte mussten in der Kaserne Landeck warten, bis sich das Wetter besserte.

Erst am nächsten Morgen, am 24. Februar 1999 um 6.45 Uhr, konnten die Hubschrauber starten. Neben den Soldaten waren Lawinenhunde mit ihren Hundeführern, Bergretter, Alpingendarmen und fünf Notarztteams an Bord. Sie lösten die erschöpften Helfer ab, die seit dem Vorabend nach Überlebenden gesucht hatten. Die Verletzten wurden von den Notarzthubschraubern des ÖAMTC ins Krankenhaus Zams ausgeflogen.

Transportmittel

Der Luftweg war die einzige Möglichkeit, Hilfskräfte und Rettungsmittel nach Galtür zu bringen und Menschen von dort zu evakuieren. Insgesamt acht Transport-Hubschrauber des österreichischen Bundesheeres und drei weitere Rettungshubschrauber waren am 24. Februar im Einsatz.

Doch die Flüge mussten mittags eingestellt werden, weil sich das Wetter erneut verschlechterte. In Galtür warteten zu diesem Zeitpunkt hunderte Urlauber vergeblich auf eine Transportmöglichkeit aus dem Tal.

In Landeck warteten die Einsatzkräfte auf eine Wetterbesserung.
Denn die Hubschrauber konnten nicht starten.
Erst am nächsten Tag kam Hilfe von außen nach Galtür.

FEUERWEHR

Hilary Slater: „Keine Anzeichen einer Panik“

Die englische Urlauberin Hilary Slater hat die Erlebnisse während ihres zwölftägigen Aufenthalts in Galtür in Tagebuchform festgehalten. Sie nannte ihre Aufzeichnungen „einen persönlichen Bericht über unseren Urlaub in Galtür, der sich in ein Abenteuer, eine Tragödie und eine lehrreiche Erfahrung verwandelte.“

Eigentlich hatten Hilary Slater und ihr Mann einen einwöchigen Aufenthalt in Galtür geplant, so wie viele andere Urlaubsgäste. Doch am geplanten Abreisetag waren die Straßen gesperrt – und blieben es noch tagelang.

Am Tag nach dem Lawinenunglück entschlossen sich die Slaters deshalb, das Angebot anzunehmen, per Hubschrauber ausgeflogen zu werden: „Wir räumten unser Zimmer auf, verstauten das Gepäck im Auto, zahlten unsere Rechnung, hinterließen die Autoschlüssel bei den Vermietern und machten uns mit ein paar kleinen Taschen auf den Weg zum Sportzentrum. Wir stellten uns an, um registriert zu werden, und wurden von Bundesheer und österreichischer Gendarmerie in Gruppen von etwa zehn Leuten eingeteilt. Wir warteten in der Halle, andere standen draußen, eingehüllt in Militärdecken, um sich vor dem Schnee zu schützen. Es erinnerte uns an Warteschlangen von Flüchtlingen. Um ca. 16.00 Uhr teilte man uns mit, dass sich das Wetter so sehr verschlechtert hatte, dass die Helikopter nicht mehr fliegen konnten. Wir sollten zu unseren Hotels zurückkehren und dort auf weitere Anweisungen unserer Zimmervermieter für einen weiteren Versuch am nächsten Tag warten.“

Am nächsten Tag klappte die Ausreise. In Gruppen von 20 Menschen wurden sie zu einem „Black Hawk" der US-Army geleitet, der sie auf der Autobahn in der Nähe von Imst absetzte: „Man half uns aus dem Helikopter und führte uns an einer zentralen Meldestelle vorbei zu einem wartenden Bus, der uns in die Kaserne nach Imst fuhr. Der Helikopter startete sofort wieder Richtung Galtür. Eine Frau im Bus erklärte uns, wohin wir fuhren – im Bus zur Kaserne, dann zum Bahnhof, mit dem Zug nach Innsbruck und dann nach München. Hilfe und Nahrungsmittel würden von der österreichischen und Tiroler Regierung zur Verfügung gestellt." Hilfe und Unterstützung gab es dann auch in der Kaserne, in den Zügen nach Innsbruck und München und sogar auf dem Münchner Bahnhof.

Frau Slaters Urteil fällt denn auch viel freundlicher aus als das vieler Medien in jenen Tagen: „Die Medienberichte waren oft falsch oder übertrieben und vermittelten wohl deshalb das Bild von großer Panik. Man sollte aber nicht vergessen, dass die Presse in Landeck saß und nicht in Galtür. Wir sahen keine Anzeichen von Panik. Wir hatten immer Nahrung, Strom und Licht. Die Dorfbewohner taten alles, was sie konnten, um uns den Aufenthalt angenehm zu gestalten. Unsere Zimmervermieter waren besonders nett, sie brachten uns Geschenke wie Schnaps und Wurstplatten und informierten uns. Die Informationsveranstaltungen im Gemeindehaus waren hilfreich und beruhigend, und die Sprecher (Bürgermeister Anton Mattle, Tourismusdirektor Gerhard Walter und Lawinenexperte Manfred Lorenz) waren immer ruhig und höflich trotz manch dummer Fragen. Die Hubschrauber hatten wegen der Wetterlage schon tagelang Schwierigkeiten, Nahrungsmittel zu bringen, deshalb gab es auch keine Möglichkeit, das Dorf zu evakuieren, selbst wenn man es für notwendig gehalten hätte. Am Morgen nach unserer Heimkehr wachten wir auf und wunderten uns, wo die Hubschrauber blieben. Sie waren Teil unseres Lebens geworden. An den nächsten Tagen, während ununterbrochen das Telefon klingelte, realisierten wir langsam, dass wir es überstanden hatten und wie viel Glück wir gehabt hatten. Die österreichischen Behörden und die Einwohner von Galtür waren alle so nett, trotz ihrer eigenen Probleme und ihrem Kummer. Wir lieben Galtür, wir sind dort seit sieben Jahren hingefahren, und wir werden mit Sicherheit zurückkommen."

Im Gedenken an **Anke Albinger | Christoph Albinger | Frederik Albinger | Patrik Albinger | Waltraud Buchholz | Beate Duttlinger | Hans Jürgen Fischer | Maria Sonja Fischer | Helmut Kapellner | Bernadette Kern | Anna Kern | Theresia Ladner | Hildegard Lorenz | Edith Lorenz | Kurt Messerschmied | Constanze Messerschmied | Antje Randrup-Dhomsen | Eric Randrup-Dhomsen | Carmen Schulz | Isabelle Schulz | Hans Schulz | Renate Schulz | Jesper Te Brake | Marthe Te Brake | Renè Te Brake | Antonius Vaarwerk | Freek Vaarwerk | Job Vaarwerk | Fabian Simon Vogt | Hanna Julia Vogt | Paula Zangerle.**

Opfer und Zerstörungen

Zunächst herrschte in Galtür große Verwirrung, doch schon bald war klar: Die Lawine hatte viele Todesopfer gefordert. Man wusste, dass ein Haus komplett zerstört war. Außerdem wurden bei der Einsatzleitung zahlreiche Vermisste gemeldet. Ihre genaue Zahl wurde am nächsten Morgen bekannt. Das letzte Todesopfer wurde erst fünf Tage nach dem Unglück gefunden.

Letztlich musste der Tod von 31 Menschen beklagt werden. Sechs von ihnen stammten aus Galtür, die anderen 25 waren Urlaubsgäste. Sie kamen aus Deutschland, den Niederlanden und aus Dänemark.

Zwei deutsche Familien – Eltern und Kinder – fielen der Lawine zum Opfer. Bei zwei holländischen Familien überlebten die Mütter, die sich im Dorfzentrum befanden, während Väter und Kinder in dem später zerstörten Haus geblieben waren.

Der Hüttenwirt der Jamtalhütte verlor seine Mutter und seine schwangere Frau. Direkt daneben starben in einem zerstörten Reihenhaus eine alte Frau, ihre Tochter und ihre Enkelin. Die Großmutter hatte sich nach mehreren Lawinenunglücken, die sie überlebt hatte, entschlossen, in ein vermeintlich lawinensicheres Gebiet zu ziehen. Ausgerechnet dort fand sie den Tod.

Millionenschaden

Auch der materielle Schaden war enorm. Die Bilanz des Lawinenabgangs stand erst nach einigen Wochen fest: Insgesamt sieben Häuser und vier landwirtschaftliche Gebäude wurden zerstört, drei Häuser wurden schwer und vierzehn leicht beschädigt. Größeren Schaden gab es auch an der Sportanlage des Dorfes und an den abgestellten Autos: 102 Pkw wurden durch die Lawine beschädigt, viele von ihnen wurden durch die Luft gewirbelt und aufeinander getürmt.

Die Summe der Gebäudeschäden betrug ca. 5 Mio. Euro, jene der Schäden an Pkw ca. 1,5 Mio. Euro.

Ende der Saison

Der wirtschaftliche Schaden war aber weit größer, denn die 780-Einwohner-Gemeinde lebt überwiegend vom Tourismus. Doch der fiel nach dem Unglück als Einnahmequelle aus: Praktisch alle Urlaubsgäste verließen das Dorf, und nur noch ganz wenige kamen bis zum Ende der Saison 1998/99 nach Galtür. Hotels und Pensionen mussten den Betrieb einstellen, den Beschäftigten wurden Weiterbildungsprogramme angeboten. In der Karwoche war Galtür allerdings wieder ausgebucht. Stammgäste sowie viele Tirolerinnen und Tiroler setzten ein wichtiges Zeichen der Solidarität.

Die traurige Bilanz: 31 Opfer (sechs Einheimische, 25 Urlauber), darunter ganze Familien, mehrere Kinder, eine schwangere Frau und drei Generationen einer Familie: Großmutter, Mutter und Tochter. Auch die Sachschäden waren enorm: Unter anderem sieben zerstörte Häuser und 102 beschädigte Pkw.

Traudl Wohlfart: „So schön und so brutal"

Traudl Wohlfart führt einen Gasthof mit Gästezimmern im Galtürer Ortsteil Tschafein, der im Februar 1999 mehr als eine Woche lang auf dem Landweg unerreichbar war. Weil die Straße in das Ortszentrum gesperrt war, mussten sich die rund 100 Menschen in den Weilern selbst versorgen. Gefragt war Krisenmanagement im Kleinformat.

„Einen oder zwei Tage sind wir regelmäßig eingesperrt, darauf sind wir eingerichtet", erzählt Traudl Wohlfart. „Aber eine Woche oder mehr ist zuviel." Nicht so sehr wegen der Lebensmittel, sondern wegen der Gäste. Deren Auslauf beschränkte sich auf die Straße vor dem Haus und den Parkplatz daneben. „Du musst die Leute beschäftigen. Und dann stellen sie Fragen, die niemand beantworten kann. Wie lange die Sperre noch dauert, zum Beispiel."

Die Männer beschäftigten sich mit Schneeschaufeln, die Frauen unterhielten die Kinder. Und die Zimmervermieter übten sich in Solidarität: „Wir haben uns jeden Abend getroffen und ausgetauscht, wer welche Vorräte hat. Dann haben wir einen Speiseplan gemacht und Lebensmittel getauscht. Ich habe für alle Brot gebacken, andere haben sonst etwas beigetragen."

Als per Telefon die Nachricht von der Lawine kam, wurden die Gäste unruhig. Aber wirklich kritisch wurde die Situation erst am nächsten Tag: Die zweite Schadenslawine in Ischgl-Valzur hatte die Stromleitung nach Tschafein zerstört, plötzlich hatte niemand mehr Strom. „Wir haben erst dann gesehen, wie abhängig wir vom Strom sind. Mit dem Licht hatten wir nicht so viel Probleme, weil alle Gäste Lampen in den Autos hatten. Und kochen konnte ich mit Gas. Aber die Friteuse funktionierte nicht, und andere Geräte, an die man einfach gewöhnt ist. In der Stube haben wir bei Kerzenschein gegessen, aber es wurde langsam unangenehm. Die Heizung funktionierte nicht mehr, das warme Wasser ging zu Ende." Die Rettung kam am nächsten Vormittag: Ein Hubschrauber landete neben dem Gasthof in der Wiese. Insgesamt 80 Menschen wurden in mehreren Flügen evakuiert. „Um ein Uhr mittags war die Aktion zu Ende. Das Wetter war wunderschön. Rundherum war alles still. Ich stand auf der Terrasse, und dachte: ‚Es ist so schön und so brutal.'"

Die Stimmung blieb auch in den nächsten Tagen betrübt: „Als die Straße wieder aufging, bin ich zum Beten in die Kirche gegangen. Dort waren nur ein paar Einheimische, und alles war niedergeschlagen. Man war einfach hilflos. In den folgenden Tagen haben wir das Haus aufgeräumt und geputzt. Und erst nach ein paar Tagen haben wir langsam realisiert, was geschehen war."

Die „Medienlawine“

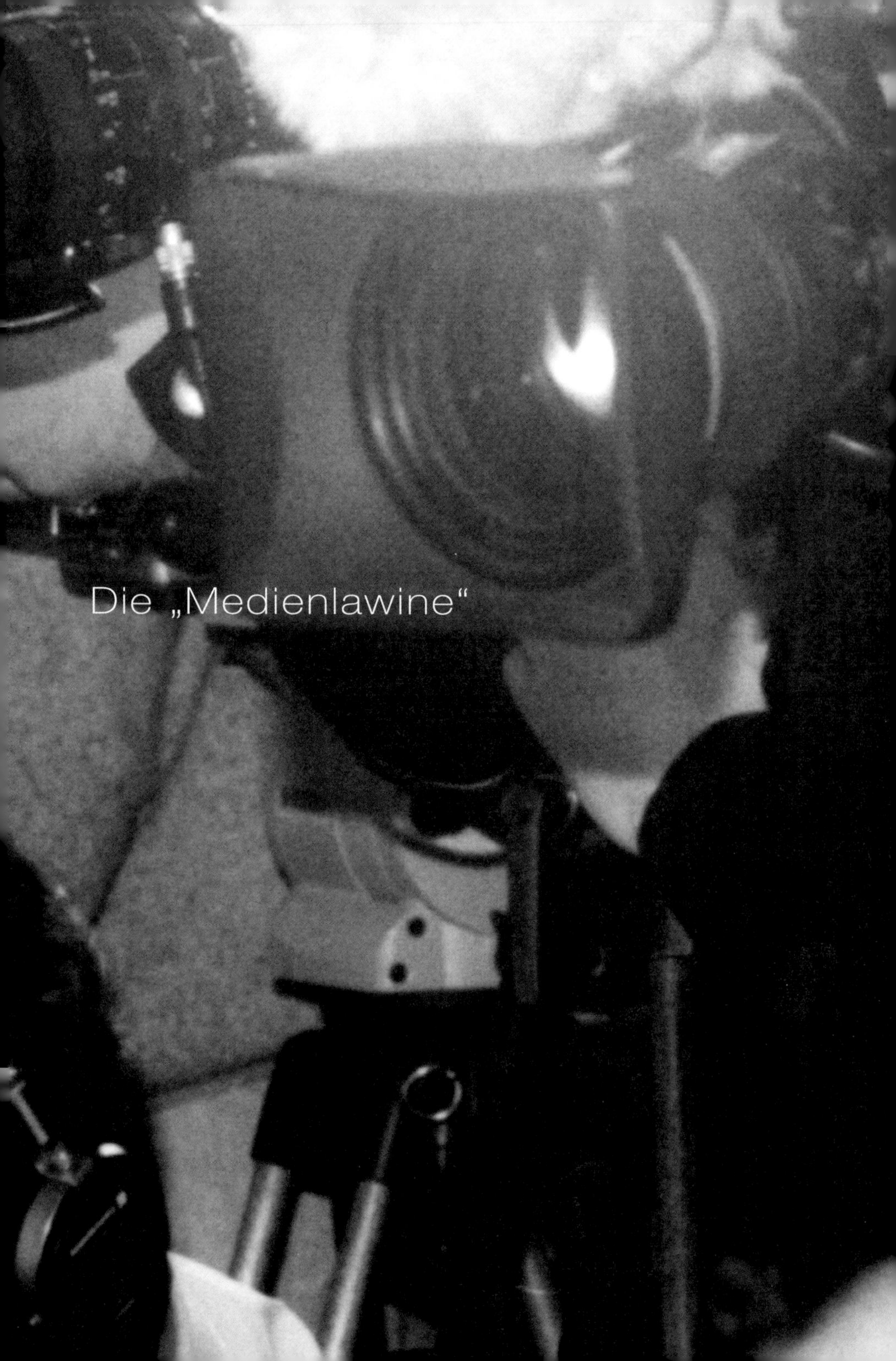

Wenn sich die Einwohnerinnen und Einwohner von Galtür an den Februar 1999 erinnern, ist von zwei Lawinen die Rede: von der Katastrophenlawine und von einer fast so unkontrollierbaren zweiten Lawine – der „Medienlawine".

Galtür wurde innerhalb weniger Tage weltweit zu einem Synonym für Tod und Lawine. In vielen Fällen unterschied sich die Sichtweise der Medien aber maßgeblich von jener der Einheimischen, aber auch der meisten Gäste.

Medialer „Countdown"

Die Berichterstattung über Galtür begann 1999 nicht erst am Tag des Lawinenunglücks. Der Ort stand auch schon an den Tagen zuvor für „Lawinengefahr" und „Eingesperrtsein". Selbst in Artikeln über die Lawinenunglücke in der Schweiz und in Frankreich kam Galtür vor – als einer jener Orte, in denen ebenfalls extreme Lawinengefahr herrschte und Menschen eingeschlossen waren.

Ansturm auf Landeck

Die Meldung vom Lawinenunglück am 23. Februar 1999 löste ein Medieninteresse aus, wie es bis dahin in Österreich nur ganz selten registriert worden war: Die Telefone liefen heiß. Nicht nur Journalisten, auch besorgte Angehörige der Urlaubsgäste wollten verlässliche Informationen.

Innerhalb weniger Stunden waren über 300 Medienleute aus der ganzen Welt, zum Teil mit Satelliten-Übertragungswagen, in Landeck versammelt, denn der Unglücksort selbst war ja nicht erreichbar.

Keine Nachrichten

Es gab keine direkte Presseberichterstattung aus Galtür während der ersten Hilfseinsätze:

Man musste sich vor Ort auf die Suche nach Verschütteten, auf die Betreuung der Verletzten und auf die Räumungsarbeiten konzentrieren. Zugleich war Galtür für Journalisten nicht erreichbar: Die Straßen waren gesperrt, und private Flüge waren aus Gründen der Flugsicherheit verboten. Alternative Informationswege konnten von offizieller Seite nicht rasch genug aufgebaut werden. Man war auf diesen, in Tirol noch nie da gewesenen Ansturm der Medien nicht vorbereitet.

Problematische Medienarbeit

Die wenigen Nachrichten der ersten Stunde lösten einen Effekt aus, den die Verantwortlichen gerade vermeiden wollten: Statt offizieller Informationen wurden zum Teil Gerüchte verbreitet, statt verlässlicher Informanten kamen „Zeugen vom Hörensagen" per Telefon zu Wort.

So musste bereits am folgenden Tag eine Strategie gesucht werden: Die Medien mussten mit mehr Informationen und auch mit Bildmaterial versorgt werden. Ein eigenes Dokumentationsteam des Bundesheeres sorgte nun für Fotos und Fernsehaufnahmen, die an alle Medienanstalten weitergegeben wurden.

Dass die Medien keine eigenen Bilder herstellen durften, führte zu Zensurvorwürfen. Die Verantwortlichen hielten dem entgegen, dass Journalisten die Bergungsarbeiten behindern würden. Wenige Minuten nach der Bergung des letzten Lawinenopfers wurden auch Journalisten mit Hubschraubern nach Galtür transportiert. Dort wurden sie auf einer Pressekonferenz informiert und anschließend auf einen Teil des Lawinenkegels geführt.

Informationszentren

In Landeck wurde in der Bundesheerkaserne in kürzester Zeit ein improvisiertes Pressezentrum aufgebaut: Der Tiroler Landeshauptmann, der Bezirkshauptmann und der Pressesprecher des Bundesheeres standen dort praktisch rund um die Uhr zur Verfügung. Alle zwei Stunden gab es ein „Medienbriefing" mit den neuesten Informationen, zweimal am Tag eine Pressekonferenz, an der auch der Landeshauptmann Wendelin Weingartner, Bezirkshauptmann Erwin Koler und die verantwortlichen Einsatzleiter teilnahmen.

Gleichzeitig wurde dafür gesorgt, dass die Angehörigen der Urlaubsgäste Informationen erhielten. Die Tirol Werbung richtete eine eigene Serviceseite auf ihrer Internet-Homepage ein, die schon in der Nacht nach dem Unglück online war und innerhalb von 14 Tagen schließlich 750.000 Besucher verzeichnete. Zudem wurden über eine eigene Telefonleitung bis zu 3000 Anruferinnen und Anrufer pro Tag betreut.

Medienandrang in Landeck: 300 Journalisten, ein Dutzend Satellitenwagen, Fernsehteams aus aller Welt versammelten sich in der Bundesheer-Kaserne. Doch der Weg nach Galtür blieb ihnen versperrt.

Weltweite Schlagzeilen

Das Lawinenunglück von Galtür sorgte weltweit für Schlagzeilen. Diese ungewöhnliche Aufmerksamkeit für ein solches Ereignis hatte mehrere Ursachen: **— Abgesehen von den Naturereignissen im Alpenraum gab es im Februar 1999 international keine bedeutenden Ereignisse; — Krisen- und Kriegsreporter großer TV-Netzwerke befanden sich in Europa, um den sich zuspitzenden Kosovo-Konflikt zu beobachten; — das Unglück von Galtür war für viele Beobachter ein Symbol für den Raubau an der Natur und für die Übererschließung der Alpen, auch wenn sie im konkreten Fall nichts mit den Unglücksursachen zu tun hatten.** Jedenfalls erhielt Galtür durch die Katastrophe eine weltweite Publizität, auf die es gerne verzichtet hätte.

Wer ist schuld?

Als das Ausmaß der Lawine deutlich wurde, begannen die Medien mit der Suche nach den Schuldigen. Sowohl die Mitglieder der Lawinenkommission als auch die Hoteliers und die Tourismusmanager und letztlich die Österreicher insgesamt gerieten ins Visier der Aufdecker.

Noch bevor eine seriöse Aufarbeitung des Unglücks begonnen hatte, wurden Menschen und Gruppen angeklagt. Pauschale Vorwürfe, gepaart mit einem erheblichen Maß an Unverständnis gegenüber alpinen Problemen, sorgten bei den Galtürern für Unmut und eine ausgeprägte Abneigung gegen „die Medien“.

Versöhnliche Gesten

Es gab aber nicht nur Anklagen und Vorwürfe in den Medien, sondern auch Mitgefühl, Hilfsbereitschaft und Solidarität. Reportagen über die Einsatzkräfte, die unermüdlich nach Verschütteten suchten, waren ebenso zu finden wie Aufrufe zur Unterstützung.

Christian Zangerle: „Medienberichte tun weh!“

Christian Zangerle ist Bergbauer und Skilehrer und seit 1999 bei Bergrettung und Feuerwehr. „Ich möchte gezielt helfen können!“ sagt der 1977 Geborene, der im Februar 1999 zur Schaufel griff, ohne genau zu wissen, was seine Aufgabe war.

„Ich hatte beim Fassdaubenrennen mitgeholfen und war gerade beim Verräumen der Geräte, als plötzlich jemand geschrien hat: ‚D'Lana kimmt (die Lawine kommt)!‘ Wir sind in die Garage geflüchtet, vor der wir standen, dann haben wir zwei bis drei Minuten lang nichts gesehen. Danach haben wir am Dorfplatz geholfen, ein paar Leichtverletzte zu versorgen, aber wir wussten nicht, dass es noch mehr Schaden gab.

Nach einer Viertelstunde hörten wir die ersten Meldungen von großen Schäden. Wir sind sofort dort hin – es war die Gegend, in der meine Oma wohnte. Die war extra in das Frümessgut gezogen, um endlich nicht mehr in der Gefahrenzone zu leben, weil sie schon zweimal von Lawinenabgängen betroffen war.

Wir haben dann in einem der beschädigten Häuser versucht, den Schnee aus der Küche zu schaufeln. Die war voll mit gepresstem Schnee. Wir haben aber ewig gebraucht, um etwas frei zu schaufeln. Ich hätte nie gedacht, dass der Zustand des Schnees so extrem sein kann. Bis tief in die Nacht haben wir gegraben, wir waren völlig erschöpft und haben dann auch dort übernachtet. Und um sechs Uhr früh kamen endlich die Hubschrauber mit Hilfskräften.“

Das ganze Ausmaß der Lawine hat Christian Zangerle, wie viele andere Galtürer, erst am nächsten Tag erkannt. Und obwohl er die ganze Nacht geholfen hatte, so gut er konnte, hatte er das Gefühl, nicht effektiv genug gewesen zu sein: „Ich wollte organisiert helfen. Ich bin deshalb bald danach bei der Bergrettung eingetreten – und bei der Feuerwehr.“

Der Schock über die Lawine saß auch bei ihm tief: „Man hatte schon ein Bewusstsein für die Naturgefahren. Im Gebirge lebt man immer mit einem Restrisiko. Aber Angst hatte ich nie. Jetzt schaut man schon ein bisschen genauer hin, aber vor allem nimmt man auch die Schönheit der Gegend viel bewusster wahr.“

Im Dorf selbst rückte man in der Zeit nach der Lawine enger zusammen, aber auch von außen erfuhren die Galtürer viel Solidarität: „Vor allem von Stammgästen kam viel positive Resonanz. Es war ganz wichtig, dass die Gäste wieder kamen, damit man hier im Dorf wieder positiv in die Zukunft schauen kann.“ Schlecht zu sprechen ist Zangerle allerdings – so wie viele andere Galtürer – auf die Medien: „Die Berichterstattung hat schon weh getan. Da wurde so viel erzählt, das gar nicht stimmte. Und die Vorwürfe waren oft an den Haaren herbeigezogen.“

Aus der Katastrophe lernen

Das Lawinenunglück hatte bei aller Tragik auch seine „positiven" Folgen. Denn nicht nur im Ort selbst hat man aus dem Unglück gelernt und Maßnahmen ergriffen, die der Sicherheit der Menschen dienen. Dazu gehören die Errichtung zusätzlicher Schutzbauten, die Verbesserung von Einsatz- und Evakuierungsplänen, aber auch die Entwicklung eines umfassenderen Risikomanagements.

Absolute Sicherheit vor Naturgefahren wird es trotz all dieser Maßnahmen nie geben. Doch das Risiko wurde so weit verringert, dass die Menschen in Galtür wieder positiv in die Zukunft blicken können.

Neuanfang

Der Schock saß tief, die Zerstörungen waren enorm. Und doch entschlossen sich alle vom Lawinenunglück Betroffenen schon bald nach der Katastrophe, ihre Häuser wieder aufzubauen. Mit öffentlicher und privater Unterstützung konnten alle beschädigten und zerstörten Häuser renoviert bzw. neu errichtet werden. Nur der Besitzer des am stärksten betroffenen Hauses entschloss sich, an einer anderen Stelle einen Neuanfang zu machen – aber auch er blieb in Galtür.

Massiver Lawinenschutz

Schon wenige Wochen nach dem Lawinenunglück wurde eine umfangreiche Schutzstrategie für die von der Lawine betroffenen Bereiche beschlossen. Dazu gehören Bauten, die eine Wiederholung einer solchen Katastrophe auf Dauer verhindern sollen, beispielsweise zwei massive Schutzmauern im Bereich „Egge“ (Länge:129 Meter) und „Winkl“ (Länge: 350 Meter).

Ebenfalls noch im Jahr 1999 wurde mit dem Bau von Lawinenstützwerken im Anbruchgebiet am Grieskogel begonnen, wofür zunächst im steilen Gelände ein Erschließungsweg gebaut werden musste. Im Einzugsgebiet der Lawine wurden automatische Wetterstationen errichtet, deren Daten die Arbeit der Lawinenschutzkommission erleichtern.

Insgesamt wurden seit 1999 allein vom Forsttechnischen Dienst der Wildbach- und Lawinenverbauung über 4,6 Millionen Euro für Schutzbauten aufgewandt. Die Kosten für das gesamte, auf zehn Jahre angelegte Verbauungsprojekt einschließlich verschiedener Aufforstungsmaßnahmen werden mit 9,5 Mio. Euro veranschlagt.

Gefahrenbewusstsein

Wer in einer hochalpinen Region lebt, ist sich normalerweise der Gefahren dieser Landschaft bewusst. Lawinen beispielsweise sind hier nichts Außergewöhnliches. Aber die wenigsten leben mit dem Bewusstsein, dass die Naturgefahren auch eine Katastrophe wie im Jahr 1999 einschließen können. Das hat sich geändert. Heute haben auch die jüngeren Bürger von Galtür eine Vorstellung davon, wozu die Natur fähig ist.

Zur Schärfung des Bewusstseins gehört auch eine Überprüfung der Schutzmaßnahmen. So wurde der Katastrophenschutzplan der Gemeinde in jedem Detail überarbeitet. Heute hat Galtür einen der modernsten Alarmierungs- und Evakuierungspläne.

Der örtlichen Lawinenkommission stehen für ihre Entscheidungen umfassendere Informationen zur Verfügung als noch vor fünf Jahren.

Umfangreiche Schutzmaßnahmen sorgen für Sicherheit:
Straßentunnels, Galerien, Schutzdämme und Lawinenverbauungen um viele Millionen Euro wurden nach dem Unglück errichtet.

Hilfreiche Unterlagen

Die modernen Möglichkeiten digitaler Datenerfassung erleichterten den Einsatzkräften im Februar 1999 die Arbeit: Mit Hilfe der Meldungen der Gendarmerie aus Ischgl, den Daten des Geographischen Informationssystems (GIS) und den vorhandenen Gefahrenzonenplänen konnten sich die Einsatzkräfte in der Landeswarnzentrale noch während der Nacht, als Galtür nicht erreichbar war, ein Bild vom Lawinenkegel und den Zerstörungen machen. Mit diesen Informationen machten sich unter anderem die Hubschrauberpiloten schon vor dem Anflug mit der Situation in Galtür vertraut.

In der Zwischenzeit wurden nicht nur die digitalen Daten verbessert, sondern auch die Zugriffsmöglichkeiten: So haben heute die örtlichen Lawinenkommissionen über das Internet Zugang zu einer Reihe von Daten, die im TIRIS (dem Tiroler Raumordnungs-Informationssystem) aufbereitet sind.

Verbesserte Kommunikation

Der Großeinsatz im Februar 1999 hat auch Schwächen in der Kommunikation zwischen den Einsatzkräften aufgezeigt. Immerhin galt es, Informationen an bis zu 2500 Personen weiterzugeben, die zum Teil mit unterschiedlichen Funksystemen ausgerüstet waren. Auch in diesem Fall erwies sich das Internet als ideales Medium zur Verbesserung der Kommunikation: Die von Werner Senn, der als Alpingendarm in der Einsatzzentrale in Landeck arbeitete, gemeinsam mit Computerspezialisten entwickelte internetgestützte Plattform ASI (Alpines Sicherheits- und Informationszentrum) ermöglicht mittlerweile sowohl den öffentlichen Zugriff auf Daten über Wetter, Schnee und Lawinengefahr als auch ein internes Informationssystem für Einsatzkräfte, genannt ESIS. Dazu kommt ein internes Netz (Intranet), das den örtlichen Lawinenkommissionen zugänglich ist.

Naturgefahren-Management

Das Unglück von Galtür hat neue Wege im Umgang mit Naturgefahren möglich gemacht – Stichwort: „Integrales Risikomanagement".

Naturgefahren lassen sich nicht abschaffen – schon gar nicht angesichts der heutigen Mobilität. Millionen Menschen bereisen alljährlich die Alpen, um hier Berge, Schnee, Aussicht oder Luft zu genießen. Sie alle leben mit den Naturgefahren – ob Steinschlag, Hochwasser, Muren oder Lawinen.

Wenn Gefahren aber nicht vollständig beseitigt werden können, muss man lernen, vernünftig damit umzugehen. Mittlerweile haben sich die Rahmenbedingungen geändert – einerseits durch den Massentourismus, andererseits durch klimatische Veränderungen.

Erste Versuche, ein zeitgemäßes Risikomanagement in Tirol aufzubauen, gab es schon vor 1999. Doch das Unglück von Galtür hat die Entwicklung beschleunigt. Heute gibt es neben Institutionen wie ASI (Alpine Sicherheit) und KIT (Katastrophen-Interventions-Teams) auch ein eigenes „Zentrum für Naturgefahren-Management" (alpS), das Modelle für ein integrales Risikomanagement entwickelt. Unterstützt von öffentlichen und privaten Institutionen, organisiert alpS die Zusammenarbeit der verschiedenen Institutionen, die mit Naturgefahren befasst sind, und entwickelt Strategien für den Umgang mit diesen Gefahren.

Professionelle Krisen-Intervention

Seit dem Bergwerksunglück im steirischen Ort Lassing im Jahr 1998, wo zehn Menschen beim Versuch, einen eingesperrten Bergmann zu retten, ums Leben kamen, gibt es in Österreich eine organisierte Betreuung von Katastrophenopfern und deren Angehörigen.

In Tirol war das Lawinenunglück von Galtür der Auslöser zur Gründung der so genannten KIT – der Kriseninterventions-Teams. Heute verfügen die KIT über 200 Mitglieder, die in Zusammenarbeit mit dem Roten Kreuz zum Einsatz kommen.

Die gut ausgebildeten Helfer, unter ihnen Psychologen, Geistliche und Ärzte, kümmern sich bei Großschadensereignissen und bei Unfällen mit mehreren Opfern um die Betreuung von Angehörigen und Einsatzkräften.

Black Hawks für Österreich

Über die Anschaffung von neuen, leistungsfähigeren Transporthubschraubern für das österreichische Bundesheer war auch schon vor 1999 in der Öffentlichkeit intensiv diskutiert worden. Doch die Engpässe bei der Evakuierung der Gäste aus dem Paznaun, als befreundete Staaten um Hilfe gebeten werden mussten, haben diese Diskussion vorangetrieben und damit die Beschaffung der neuen Helikopter beschleunigt.

Im Dezember 2000 wurden neun „Black Hawks" (Sikorsky S-70A-42) bestellt und im Oktober 2002 die ersten in Betrieb genommen. Der damalige Verteidigungsminister Herbert Scheibner meinte bei dieser Gelegenheit in Anspielung auf die Ereignisse von Galtür: „Ich hoffe, dass nicht immer erst etwas passieren muss, damit neue Geräte angeschafft werden."

Benedikt Zangerle: „Wir haben unsere Zeit gebraucht."

Benedikt Zangerle ist Koch und Besitzer einer privaten Pension in Galtür. Sein Haus blieb vom Unglück verschont, weil es rund 100 Meter abseits der Lawinenbahn lag. Die Folgen trafen ihn genauso wie alle anderen Galtürer: Die Gäste blieben aus, stattdessen kamen Katastrophentouristen und beäugten die Bewohner der „Todeszone", wie Galtür in manchen Medien genannt wurde.

„Zwei Sommer lang konnten wir nicht mehr auf die Terrasse sitzen," berichtet Benedikt Zangerle, dessen Haus direkt an der Hauptstraße von Galtür steht, „denn sonst wurde man sofort von Passanten angesprochen: Wo war denn hier die Lawine? War ihr Haus auch kaputt?" Und manche hatten die Antworten schon parat: „Als wir ein Jahr nach dem Lawinenabgang unsere Garage umbauten, liefen Touristen vorbei und erzählten den anderen, dass hier die Schäden der Lawine beseitigt würden." Angeregt wurde die Phantasie der „Gaffer", wie sie Zangerle nennt, offenbar von einschlägigen Medien, die 1999 über das Unglück von Galtür berichtet hatten. Berichte, von denen Zangerle erst aus zweiter Hand erfuhr: „In den ersten Tagen hatten wir ohnehin anderes zu tun, als Medien zu konsumieren. Ich bin teilweise rund um die Uhr am Herd gestanden, weil wir in dem Hotel, in dem ich gearbeitet habe, auch die Einsatzkräfte verpflegten. Doch dann riefen immer wieder Stammgäste unserer Pension an, erkundigten sich nach unserem Wohlergehen und berichteten von den Horrorstorys, die in ihren Medien erschienen."

Am eigenen Leib verspürte Zangerle die „Medienlawine" erst, als die Straßen wieder geöffnet waren und Reporter auf der Suche nach einer „guten Geschichte" durch das Dorf streiften. Doch die medialen Anklagen und Vorwürfe fanden auch ein Gegengewicht: „Die Gäste haben immer zu uns gehalten, vor allem die Stammgäste. Viele haben auch nach dem Lawinenabgang unglaubliches geleistet und Tag und Nacht geholfen."

Dass trotz aller Solidarität die Nächtigungszahlen stark zurückgingen, liegt für Benedikt Zangerle aber nicht nur an der imageschädigenden Berichterstattung, sondern auch ein wenig an den Galtürerinnen und Galtürern selbst: „Es war zunächst so eine Lethargie da. Es war, als wenn die Handbremse angezogen wäre. Es ist aber allen so gegangen. Man hat zunächst nur die Dinge gemacht, die dringend notwendig oder ohnehin geplant waren, wie den Sportplatz. Es hat das Gefühl gefehlt, dass man jetzt nach vorne sieht und gemeinsam wieder etwas erreicht. Inzwischen ist dieses Gefühl wieder da, jetzt herrscht wieder eine positive Stimmung."

Nachsatz: „Vielleicht haben wir die Zeit gebraucht. Vielleicht haben wir einen gewissen Abstand gebraucht, damit es wieder vorwärts geht."

interMEDIA

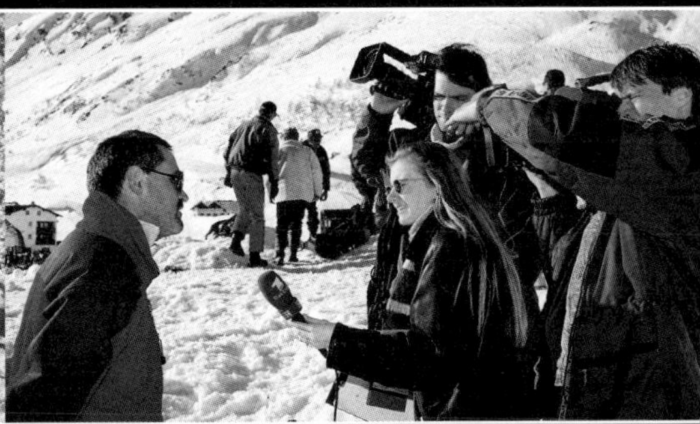

Alpinarium Galtür –
ein Schritt in die Zukunft

Das auffälligste Bauwerk, das in Folge des Lawinenunglücks direkt im Ort entstand, ist die 350 Meter lange und acht Meter hohe Lawinenschutzmauer „Winkl“. Sichtbar ist die Mauer nur auf der Rückseite, auf der Straßenseite stehen das Zivilschutzzentrum und das Alpinarium Galtür.

Das Alpinarium Galtür ist ein Informations- und Dokumentationszentrum, das die Besucher über den Lebens- und Kulturraum hochalpiner Regionen informiert und für Seminare, Vorträge und Wechselausstellungen zur Verfügung steht.

Die Idee dieser Einrichtung entstand schon vor der Lawinenkatastrophe von Dipl. Ing. Fritz Falch und ist von der Gemeinde Galtür in Zusammenarbeit mit den Behörden, der Wildbach- und Lawinenverbauung sowie dem Land Tirol entwickelt worden. Der Träger dieser Institution ist die Alpinarium Galtür Dokumentation GmbH, bestehend aus den beiden Gesellschaftern, dem Tourismusverband und der Gemeinde.

Das Alpinarium Galtür ist eng verknüpft mit dem Standort Galtür, seiner Umgebung, seiner Geschichte und seinen Bewohnern. Vor allem die Menschen und ihre Einstellung zur Natur, die sie umgibt und mit der sie eine Lebensgemeinschaft eingegangen sind, sind motivgebend für das Alpinarium Galtür.

Trotz der ständig lauernden Gefahren vor der eigenen Haustüre waren die Menschen von Galtür immer eng mit ihrem Heimatort verbunden. Die Heimat aufgrund der harten Lebensbedingungen zu verlassen, war stets die schlechtere Alternative: Überleben an der Grenze der landwirtschaftlichen Selbstversorgung, in der Behauptung gegen die Widrigkeiten eines extremen Naturraums, das war die Kunst über Generationen. Das Leben in unmittelbarer Konfrontation mit der Natur hat die Menschen noch enger mit ihrem Ort verbunden.

Auch Kontroversen, die sich im Umgang mit der Natur auftun, sollen im Alpinarium Galtür thematisiert werden. Die Problemstellungen beziehen sich dabei nicht nur auf Galtür, sondern überschreiten die Gemeindegrenzen und erfordern umso mehr eine Aufarbeitung. Die Medienberichterstattung im Anschluss an den Unglückswinter 1999 machte beispielsweise deutlich, wie wenig das alpine System verstanden wird.

Aktuelle soziale, kulturelle, ökologische und ökonomische Probleme des alpinen Raums und deren Lösung sollen im Alpinarium Galtür beim Namen genannt werden: das Alpinarium Galtür als Plattform, die das Zusammenwirken von Mensch und Berg in allen Facetten thematisiert und sich als prominenter Lernort für die Vermittlung von Wissen, für ein verbessertes Verständnis der Natur und für die offene Diskussion von Zukunftsfragen etabliert.

Im Erdgeschoss verfügt das Alpinarium Galtür über Ausstellungsflächen im Ausmaß von 800 m^2 sowie eine Indoor-Kletterwand, die sich vom Untergeschoss bis in das Obergeschoss erstreckt. Im Obergeschoss ist ein Café mit direktem Blick auf die Kletterwand untergebracht. Darüber hinaus befinden sich hier die Administration, die Seminarräume und ein Auditorium, eine Internet Lounge und eine Bibliothek. Die flexiblen Seminarräume und das Auditorium erstrecken sich auf einer Fläche von insgesamt 160 m^2.

Neben dem Alpinarium Galtür bietet der Lawinenschutzbau Raum für ein Zivilschutzzentrum, in dem Einrichtungen der Feuerwehr, der Bergrettung und der Bergbahnen untergebracht sind.

Anton Mattle: „Die Wunden sind verheilt, die Narben bleiben."

Anton Mattle war 1992 bei seiner ersten Wahl zum Bürgermeister von Galtür gerade einmal 29 Jahre alt – und damit einer der jüngsten Bürgermeister von Tirol. Inzwischen wurde er nicht nur zweimal wieder gewählt, sondern sitzt auch als Volksvertreter im Tiroler Landtag. Mit seinem persönlichen Einsatz und seinem engagierten Krisenmanagement im Februar 1999 hatte er sich weit über Galtür hinaus Respekt und Vertrauen erworben.

„Man spürt, was es bedeutet, Verantwortung zu tragen", sagt Anton Mattle, wenn er sich an die Tage und Nächte im Februar 1999 zurückerinnert. Fast einen Monat lang herrschte damals in Galtür eine Ausnahmesituation, und so richtig darauf vorbereitet war kaum jemand: „In den letzten Jahrzehnten war der Ort pro Winter durchschnittlich eineinhalb Tage lang auf der Straße unerreichbar. Und diesmal waren es zunächst eine und dann zwei Wochen ohne Unterbrechung." Gefragt war Krisenmanagement, doch gelernt hatte das der Bürgermeister genauso wenig wie seine Amtskollegen in anderen Orten: „Man wächst da hinein. Und man lernt, dass die menschliche Komponente in solchen Situationen die wichtigste ist. Es braucht ein Vertrauensverhältnis zwischen den handelnden Personen, aber auch zu den Bürgern und zu den Gästen."

Und dieses Vertrauensverhältnis war offenbar vorhanden – vor und nach dem Lawinenunglück. Das deutlichste Zeichen dafür ist für Anton Mattle die Tatsache, dass mit den Angehörigen, auch der verstorbenen Gäste, freundschaftliche Verhältnisse entstanden sind.

In der Krisensituation zeigte sich, dass Galtür mit seinen familienfreundlichen Angeboten eine Atmosphäre geschaffen hatte, die den Zusammenhalt förderte: „Wir haben sehr viel Solidarität erfahren – nicht nur von Seiten der Gäste, besonders innerhalb von Tirol und Österreich."

Das hatte den Galtürern viel Mut gegeben: „In der Karwoche war Galtür nahezu ausgebucht. Stammgäste und viele Landsleute haben uns aus Solidarität besucht. Dies war eine große Hilfe auf dem Weg in den Alltag.

Da herrschte viel Optimismus, dass es bald wieder aufwärts geht."

Viel Geduld und engagierte Arbeit waren notwendig, um endlich nach 4 Jahren, wieder an die touristischen Erfolge der Vergangenheit anschließen zu können.

Jetzt können die in den Neunzigerjahren begonnenen Ergänzungen und Verbesserungen mit einigen Jahren Verzögerung endlich in Angriff genommen werden: „Wir wollen vor allem unser Angebot als einziger Luftkurtort von Tirol vermehrt am Markt präsentieren. Galtür ist ein „kleiner aber feiner“, familienfreundlicher Urlaubsort, mit viel Tradition und außergewöhnlicher Infrastruktur. Ansonsten setzen wir auf langsames und bewusstes Wachstum und einen intelligenten Tourismus“, meint der Bürgermeister.

Persönlich hat Anton Mattle, der im Februar 1999 rund um die Uhr im Einsatz war und dabei an die Grenzen der Belastbarkeit stieß, aus dem Erlebten einige Lehren gezogen: „Zum Beispiel die Erkenntnis, dass dermaßen traumatische Ereignisse nur in der Gemeinschaft bewältigt werden können, oder dass es keine hundertprozentige Sicherheit gibt – auch nicht in einer tausend Jahre alten Siedlung, und auch nicht, wenn man so wie in Galtür schon immer vorsichtig war und sehr früh auf Lawinenverbauungen gesetzt hat.“

Und er ist überzeugt davon, dass eine ehrliche Auseinandersetzung mit der Lawine von 1999 mehr bringt als der Versuch, das Geschehene zu Verschweigen: „Das Vergessen und Verdrängen ist für niemanden heilvoll.“ Deshalb unterstütztte er auch die Ausstellung über die Lawine im Alpinarium Galtür: „Vielleicht gibt das für den einen oder anderen noch einmal eine schmerzhafte Berührung, aber ich glaube, dass die heilsam sein kann. Die GaltürerInnen haben inzwischen vieles aufgearbeitet, und die meisten Wunden sind verheilt. Die Narben aber bleiben.“

LITERATUR

GABL, Karl, Der Schnee im Februar 1999 im Westen Österreichs aus meteorologischer und klimatologischer Sicht, in: Wildbach- und Lawinenverbau, Heft 141 (2000), S. 69–79.

HEUMADER, Jörg, Die Katastrophenlawinen von Galtür und Valzur am 23. und 24.2.1999 im Paznauntal/Tirol, Imst 2000

HUHN, Nikolaus, Die Entdeckung von Galtür, in: Gemeinde Galtür (Hg.), Galtür. Zwischen Romanen, Walsern und Tirolern, Galtür 1999, S. 9.

HUHN, Nikolaus, Die Landwirtschaft, in: Gemeinde Galtür (Hg.), Galtür. Zwischen Romanen, Walsern und Tirolern, Galtür 1999, S. 159–166.

KOLER, Erwin, Die Schneekatastrophe im Februar 1999 im Bezirk Landeck/Tirol, Landeck 1999.

LAWINENWARNDIENST im Amt der Tiroler Landesregierung (Hg.), Schnee und Lawinen 1997/98 und 1998/99, Innsbruck 2000.

LORENZ, Franz, Die touristische Erschließung, in: Gemeinde Galtür (Hg.), Galtür. Zwischen Romanen, Walsern und Tirolern, Galtür 1999, S. 178–186.

MÖHRING, Christina, Galtür. Die Auswirkungen der Lawinenkatastrophe im Februar 1999, Diplomarbeit, Westfälische Wilhelms-Universität, Münster 2002.

THALER, Stefan, Bericht über die Geschehnisse in Tirol vom 19. Februar 1999 bis einschließlich 1. März 1999, in: Lawinenwarndienst, Innsbruck 2000, S. 117–146.

TOURISMUSVERBAND GALTÜR, Galtür. Das eigensinnigste Schneedorf Österreichs, Galtür 1998.

Für vielfältige Hilfe und Unterstützung bedanken wir uns bei

alpS GmbH - Zentrum für Naturgefahren Management, Innsbruck | Österreichischer Alpenverein, Innsbruck | Alpines Sicherheits- und Informationszentrum Landeck | Amt für Raumordnung und Statistik, Innsbruck | Bezirkshauptmannschaft Landeck | Forsttechnischer Dienst der Wildbach- und Lawinenverbauung, Imst und Wien | Eidgenössisches Institut für Schnee- und Lawinenforschung, Davos | Gemeinde Galtür | Gendarmerie Ischgl | Heeres- Film und Bildstelle, Innsbruck und Wien | Kunstkataster, Innsbruck | Land Tirol | Lawinenwarndienst Tirol, Innsbruck | Lebensministerium, Wien | Institut für Lawinen- und Wildbachforschung, Bundesamt und Forschungszentrum für Wald (BFW) | ORF Tirol, Innsbruck | Sporthotel Lamark, Hochfügen | Stabstelle Schnee und Lawine, Schwaz | Tiroler Landesinstitut, Innsbruck | Telepool, Zürich | Tiroler Informations- und Raumordnungssystem, Innsbruck | Tiroler Tageszeitung, Innsbruck | Tourismusverband Galtür | Zentralanstalt für Meteorologie und Geodynamik, Innsbruck | Zivil- und Katastrophenschutz, Innsbruck

Sowie

Gernot Brauchle | Erwin Büchel | Fam. Fankhauser | Richard Freyschlag | Karl Gabl | Manfred Gabrielli | Jörg Heumader | Georg Juen sen. | Gabriele Kathrein | Kurt Kaindl | Christian Klingler | Walter Köck | Erwin Koler | Horst Konrad | Stefan Kröll | Michael Larcher | Franz Lorenz | Richard Ludwig | Lutz Maurer | Rudolf Mair | Josef Mallaun | Anton Mattle | Katrin Niedermeier | Bernd Noggler | Patrick Nairz | Johann Niedertscheider | Peter Plattner | Marianne Oberschmid | Werner Senn | Rudolf Sailer | Luggi Salner | Thomas Schönherr | Alois Schranz | Hilary Slater | Roland Stecher | Fritz Treidl | Eric Veulliet | Bettina von Sternegg | Gerhard Walter | Karl Wiesauer | Traudl Wohlfart | Hans Zagajsek | Benedikt Zangerle | Christian Zangerle

IMPRESSUM
Publikation die lawine
Herausgeber Alpinarium Galtür Dokumentation GmbH
Autor Markus Barnay, Dornbirn
Mitarbeit Manfred Lorenz und Arndt Schafter, Alpinarium Galtür
Gestaltung Rita Bertolini LDT, Bregenz
Koordination Stefania Pitscheider
Lektorat Kurt Greussing, Dornbirn
Abbildungsnachweis Georg Juen sen. (22, 30), Karl Gabl (17), Horst Konrad (36, 37, 40, 42, 45, 47, 48, 50, 54, 59, 61), Margherita Spiluttini (7, 8, 15, 62, 65, 68), Fritz Treidl (4, 10), Lawinenwarndienst Tirol (33)
Druck Hämmerle Druck, Hohenems
Vertrieb Studienverlag, Innsbruck

Wir danken für die Unterstützung:
Hämmerle Druck GmbH & Co. KG, Hohenems

Printed in EU

Alpinarium Galtür
Alpinarium Galtür Dokumentation GmbH
Hauptstraße 29c, 6563 Galtür,
www.alpinarium.at

StudienVerlag
StudienVerlag Innsbruck
Amraserstraße 118, 6020 Innsbruck
www.studienverlag.at

ISBN 3-7065-4039-8
9 783706 540391

Ausstellung die lawine 19.06.04–30.01.05
Projektleitung Arndt Schafter, Alpinarium Galtür
Konzept und Planung
Vogt Landschaftsarchitekten AG, Zürich
Recherche und Texte Markus Barnay, Dornbirn
Szenografie Eva Afuhs, Zürich
Grafik Rita Bertolini LDT, Bregenz
Produktionsleitung Stefania Pitscheider
Vermittlung Bruno Winkler, Schruns und Alpinarium Galtür
Kommunikation ProMedia, Innsbruck, Tourismusverband und Alpinarium Galtür
Medientechnik Ton & Bild, Martin Beck, Rankweil
Videos ORF Tirol, Markus Barnay, Moses Moosbrugger
Geräusche Gernot Gögele, Rankweil
Aufbau Joachim Kathrein, Galtür
Produzenten Stahl = Traum Fabrik, Zürich (Ausstellungsmöblierung),
Malerei & Beschriftungen Gaudenzi GmbH, Landeck (technische Umsetzung der Grafik),
Heinz Wehinger, Bregenz (Litfaßsäulen)

tirol
die.wildbach

Wir gedenken auch der anderen Lawinenopfer des Winters 1998/99, im speziellen jener aus unserem Nachbarort Ischgl-Valzur, wo am 24. Februar 1999 sieben Menschen ums Leben kamen.